AF345967

© 2023, Miño y Dávila srl / Miño y Dávila sl

Edición: Primera en castellano. Junio de 2023.
Tirada: 500 ejemplares
Depósito legal: M-14890-2023
ISBN: 978-84-19830-12-8
E-ISBN: 978-84-19830-13-5
Categoría THEMA: AGA Historia del Arte
ABA Teoría del Arte
Categoría WGS: 582 / Humanities, art, music / History of art
583 / Humanities, art, music / Visual arts
Categoría BISAC: ART007000 / Teoría del Color
ART044000 / Caribe & América Latina

Ilustración de tapa: *obstáculo* (2004) rejilla de hierro,
dimensiones variables. Vista de instalación en Gentil Carioca,
Río de Janeiro. Exposición psiu-ei-oi-olá-não.
Obra de Ricardo Basbaum. Fotografia © Wilton Montenegro.

Diseño y composición: Gerardo Miño.
Lugar de impresión: Ciudad Autónoma de Buenos Aires, Argentina.

Obra publicada com o apoio do Ministério das Relações Exteriores
do Brasil em conjunto com a Fundação Biblioteca Nacional –
Ministério do Turismo.

Obra publicada con el apoyo del Ministerio de Relaciones Exteriores
de Brasil, en conjunto con la Fundación Biblioteca Nacional –
Ministerio de Turismo.

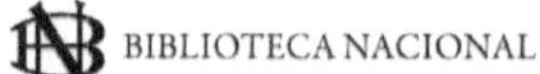

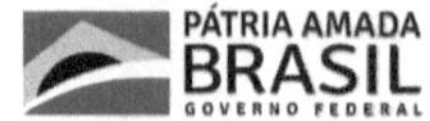

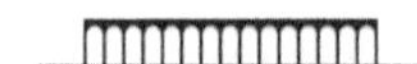

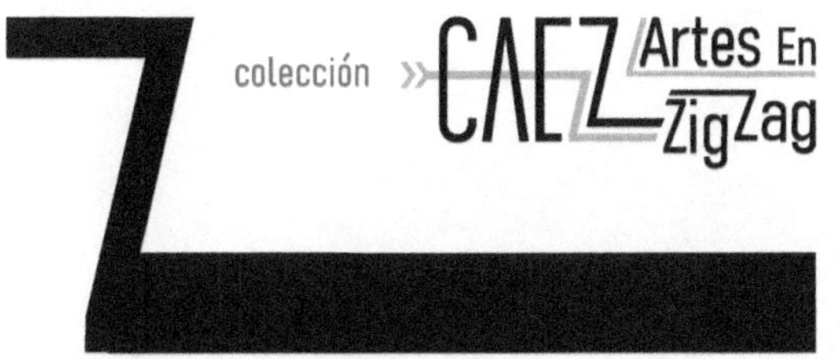

Dirigida por
Hernán Borisonik y
Fabián Ludueña Romandini

Como concepto unificado, el arte es un producto moderno. En la Antigüedad existían las artes, en plural: técnicas determinadas por la razón e insufladas por las musas. Entre los siglos XVII y XIX, arte y artistas contribuían a la formación sensible de las sociedades y al enriquecimiento estético de la experiencia del mundo. Desde la llegada de las vanguardias, los sujetos y objetos involucrados con los procesos artísticos han tendido a ser potencialmente ilimitados, tanto por la democratización de las condiciones de producción, como por el acercamiento y virtual confusión entre arte y diseño. De manera que vida y obra dejaron de ser espacios analíticamente distinguibles para imbricarse mutua y recíprocamente.

De este modo, la presente colección, de enfoque transdisciplinario, se propone reflexionar sobre las artes y las subjetividades de quienes se identifican como artistas, pero también sobre las formas en las que las obras son producidas, circuladas, exhibidas, archivadas y consumidas. Un espacio para sospechar de los límites entre poiesis, praxis y contemplación.

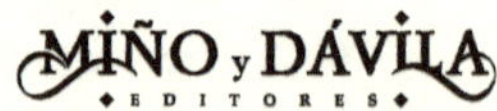

Dirección postal: Tacuarí 540, CABA, Argentina
e-mail producción: produccion@minoydavila.com
e-mail administración: info@minoydavila.com
web: www.minoydavila.com

RICARDO BASBAUM

MANUAL DEL ARTISTA-ETC

Con la colaboración de Eduardo Coimbra, Raul Mourão y Bojana Piskur

Traducción y notas:

Hernán Borisonik

Asistencia de **traducción:**

Sacha Amaral

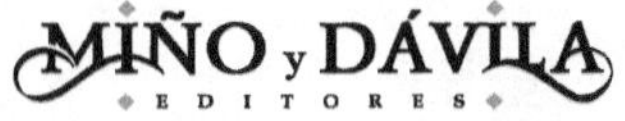

MIÑO y DÁVILA
EDITORES

ÍNDICE GENERAL

Introducción:
En modo etc

Juliana Gontijo

Habitar el sistema del arte implica una capacidad de auto-invención constante –y mucho estomago. El arte integra la producción general de *commodities*, de forma que la creatividad se incorpora a la productividad empresarial y lo estético deviene una gran herramienta de producción de valor económico. En la lógica mundial de esta etapa del capitalismo, la economía asume proporciones incalculables y la especulación en torno a las obras de arte llega a valores impensables. La transgresión del arte se volvió un motor de la expansión del capitalismo en su búsqueda por la innovación, la incorporación cotidiana del riesgo y la invocación del exceso y de lo espectacular.

En las antípodas de la extrema capitalización, enfrentamos la precarización de los modos de trabajo de los artistas, curadores y demás agentes del campo del arte. Propuestas de trabajo gratis a cambio de divulgación y legitimidad, ausencia de contratos, honorarios fluctuantes, retrasos en el pago. Condiciones que se suman a la inconstancia institucional pública y privada, la inmediatez que inviabiliza proyectos a mediano y largo plazo, y a los apuros para mantener espacios de critica y reflexión que escapen a las estrategias de mercado.

En Brasil, las raras manifestaciones de organización de clase en el medio del arte contemporáneo nos transforman en bellos experimentos para el capitalismo cognitivo. En Argentina quizás haya una mayor rebeldía y resistencia en sus ímpetus colectivos: me acuerdo, precisamente, que en 2012 fue grande la reacción a la exposición *Últimas Tendencias 2*, organizada por el Museo de Arte Moderno de Buenos Aires, y al sistema de museos que establecía la donación forzosa de obras como condición para que los artistas expusieran. Actualmente, el AVAA (Artistas Visuales Autoconvocades Argentina), de alcance federal y autogestionado, fue conformado para hacer frente a la emergencia sanitaria y buscar salidas para el sector de la cultura.

Promotor incansable de lo colectivo, Ricardo Basbaum es uno de los artistas más importantes de su generación en Brasil. Su experimentación e intervención en el circuito del arte se da en un momento de pasaje, en el cual el campo del arte local se expande al plano global. Su relato crítico muestra la fragilidad del sistema y de sus relaciones interpersonales en el Brasil de la década de 1980. La "Geração 80", como fue popularizada, se estableció como la generación del gran retorno de la pintura. Tal vez por eso, en sus archivos ha quedado casi olvidada la intensa crítica y la experimentación con otros medios que marcaron igualmente este período. Basbaum señala que algo quedó en el camino: "cuán limitados son los mecanismos de institucionalización del arte como filtros de procesos y hechos". Además, en esos tiempos, Brasil estaba saliendo de un largo período de dictadura militar; los movimientos de las "Diretas Já" y la nueva Constitución de 1988 hacían esfuerzos para diferenciarse de la pragmática del neoliberalismo. No obstante, para Basbaum es cierto que el arte sacó provecho de la economía de mercado impulsada por la era conservadora Reagan-Thatcher, capitalizado en forma de expansiones del mercado de galerías del ámbito local al global. Así, el foco en el mercado de arte internacional fue acompañado por una "hiperinstitucionalización" del circuito de arte.

Basbaum concibe desde entonces al artista como un "dispositivo de actuación", que puede *corto-circuitar* el sistema. Para eso, reivindica la organización colectiva, el espacio gestionado por artistas, la curaduría radical y la necesidad de redibujar las instituciones de arte. Su trabajo pasa por la "invención de medios colectivos de intervención en un circuito particular" (p. 31), y por enfrentar una realidad precaria para la circulación y sustento del arte. Su actuación se multiplicó en grupos tales como Visorama, que existió entre 1989 y 1994; AGORA (Agência de Organismos Artísticos), entre 1999 y 2003; MAGNET, que actuó en la relación local/global en 2001; Revista Item, entre 1995 y 2003 y el grupo *agentedupla://*, entre 2002 y 2003.

En ese contexto crítico de operaciones artístico-conceptuales, surge el concepto de "etc": "Cuando un artista es un artista a tiempo completo, lo llamaremos 'artista-artista'; cuando el artista cuestiona la naturaleza y función de su rol como artista, escribiremos 'artista-etc'" (p. 138). Artista-crítico, artista-investigador, artista-editor; pero también curador-escritor, curador-ingeniero, curador-artista. Se trata de una reflexión sobre la forma de actuar en el circuito, pero también de pensar el arte como un campo ampliado en el cual se entrecruzan distintas formas de conocimiento del mundo. Ser transitivo y transmutar; investigar el modo de ser artista mientras uno se constituye como artista. En tanto el modo de ser "etc" implica un proceso constante, como curadora soy "etc" en el hacer, no en el ser; el "etc" es lo que hago para enfrentar la precariedad del sistema, pero es también mi forma de rebelión.

Con el fin de articular las dinámicas discursivas a las experiencias que involucran al espectador, Basbaum empieza en 1989 el proyecto NBP (*Novas Bases para a Personalidade*). Sus cápsulas en hierro con colchones en su interior llaman a los participantes a encerrarse en un momento de soledad o intimidad transitoria. Acompaña la propuesta su conocida serie de diagramas, especies de cartografías relacionales que articulan las dimensiones de las relaciones humanas en los flujos y las tensiones del yo-tú. A partir del NBP, desarrolla también en 1994 "Você gostaria de participar de uma experiência artística?": un dispositivo en el cual un raro objeto de metal es ofrecido por un determinado período a un participante o grupo, que deberá con él hacer un experimento artístico de su elección. Según el artista, las redes, estructuras y tipos de relaciones que el dispositivo puede hacer manifiesto son aun más importante que la plasticidad que dicho objeto encierra.

Los artículos seleccionados para integrar este libro van desde 1990 a principios de los años 2000. Como una sonda, son minuciosos análisis de los circuitos de amistades, los "grupismos", sus códigos, exclusiones, elitismos, precariedades y superficialidades del arte. Pero, en simultáneo, dejan de manifiesto también la potencia del colectivo, la multitud que el arte conlleva y lo político de este compartir sensible. Al afirmarse como un manual, Basbaum nos entrega un estudio en profundidad sobre cómo "Organizar las cuestiones en un circuito, ordenar las información en caminos, sistematizarlas" (p. 134); o sea, cómo actuar en el circuito dinámico del arte a partir de un ejercicio de naturaleza transitoria y alternancias plástico-discursivas.

Finalmente, me pregunto: ¿qué podemos decir hoy, con Basbaum y desde él, sobre el circuito del arte y su estrecha relación de dependencia con las redes sociales? Como artista-crítico, ¿acogerá al artista-influencer en su "etc"? ¿Tras el largo período de pandemia de COVID-19, en el cual las instituciones estuvieron físicamente cerradas, lo virtual se tornó un circuito autónomo? ¿La tecnología de los NFT pegó un salto lo suficientemente grande como para dejar a las galerías al borde de la obsolescencia?

Como parte inseparable del sistema, artistas, curadores y usuarios de redes –"etc" o no– se encuentran dentro de un *loop* que confunde, neutraliza y se aprovecha de las heterogeneidades con la intensión de intervenir sobre las subjetividades ajustándolas a las necesidades del consumo y la reproducción de ciertos valores. Basbaum observa que los trabajos de arte poseen "propiedades instituyentes", y que la macroeconomía todo fagocita. Lo *cool* del arte contribuye a producir silenciosamente un público en búsqueda de signos de deseo y de un estilo de vida artificialmente fabricados. No obstante, ese circuito incesante permite también la redefinición y reapropiación de las reapropiaciones. En la disputa de territorios de acción y de lenguaje, una posible salida sería así la búsqueda de nuevas tácticas de subversión y de renovación de su propio discurso y praxis, analizando críticamente las estrategias retóricas del circuito para volver a encontrar la diferencia y heterogeneidad del "etc" a cada momento.

Bahía, Brasil, octubre de 2022.

Presentación al manual del artista-etc

Sorriu o pássaro automático![1]

(Alexandre Dacosta / Ricardo Basbaum, 2010)

. . . .

No sería correcto que este libro fuera algo prescriptivo, como promete un manual al uso: al añadir *-etc*[2] al título, lo que queremos es señalar horizontes de variación, en los que quien se deja llevar por las actividades del campo del arte lo hace apuntando a varios caminos, a múltiples direcciones (más allá del detalle de las propias líneas de elección). Un *artista* puede ser muchos, de muchas maneras y modos, pero sólo si así lo quiere o lo requiere; al mismo tiempo, este lugar de prácticas (¿tan antiguo o a punto de seguir siendo explorado?) parece debilitarse cada día, bajo tantas solicitudes de aquí y de allá, en la rueda de los intereses: por

---

1   "¡Sonrió el pájaro automático!". [N. de T.]

2   El uso del vocablo "etc" en esta obra es complejo y de enorme importancia. Al ser una suerte de concepto en sí mismo, se ha decidido mantenerlo como "etc" (sin punto) cuando se usa como adjetivo de un tipo artista o una actitud frente al trabajo relacionado con el arte y para diferenciarlo de "etc." (de uso habitual para expresar "y todo lo demás"). [N. de T.]

eso, a menudo es necesario adjetivarlo, para ganar fuerza en los choques cotidianos, en permanente negociación. Por supuesto, para escapar mejor a la captura sumarial por límites predefinidos y/o establecidos; y también para fundamentar acciones y modos de hacer.

Los textos aquí reunidos fueron escogidos entre aquellos –porque organizo mi producción en la doble dirección de acciones plásticas y discursivas, en contacto mutuo– que se refieren directamente al circuito del arte y a la imagen del artista: inventarse como artista, un proceso que tiene lugar en público y siempre frente a un circuito real, concreto, en sus materialidades y medidas. Insistencia, enfrentamientos, choques, fugas y líneas límite: la trayectoria no es lineal ni serena, es decir, hay una colección de aventuras y una constante redistribución entre las exigencias y los deseos en juego, de un lado y de otro –lo que se quiere, lo que se le atribuye, las intervenciones, los procesos efectivos y los resultados. El famoso *Coeficiente*, ahora transmutado en cálculo diferencial, algoritmo, capas de complejidad y cerebro electrónico, procesadores y cuerpos: la misma alegría (como una prueba de fuego), pero tal vez más curvas, nudos y estratos; trazado nada simple, solo o en grupo, siempre en colectivo.

Frente a un Brasil renovado y a los entusiasmos del nuevo milenio, la década de 1980 consolidó cambios decisivos, que incluyen el rediseño del circuito del arte como resultado de las nuevas presiones de la economía neoliberal y del orden mundial global. Desde entonces, el arte brasileño se ha deslizado de hecho por el mundo (como efecto, proyecto, deseo o realidad) y la cultura se ha profesionalizado con la presencia masiva de los intereses corporativos y del capital, en ausencia de políticas culturales regulares. Es en este contexto que me lancé / me lanzaron (como a tantos) a enfrentar las líneas delineadas –en aquel momento– por un determinado circuito y configuración social, buscando las posibles prácticas implicadas en la *formación de uno mismo* como artista. Era necesario ir más allá –sin *retorno*, sin *vuelta atrás*– de lo que se ofrecía de forma impuesta, por la avidez de una fuerte ola que, al fin y al cabo, establecía otros patrones de funcionamiento, mecanismos y dinámicas pragmáticas y eficientes. Actividades y acciones en torno a la escritura, hablar y charlar, intentar constituirse como grupo, publicar y editar –ejercicios que fortalecen la imagen del artista más allá del mero productor de obras de arte. Cualquiera que se proyecte en tal campo de práctica sabe –o *llegará a saber*– hasta qué punto la imagen del artista se sitúa, hoy (huella de una particular conjunción de intereses), bajo constante disputa, lugar de muchas exigencias pero de poca variabilidad efectiva.

Tales discusiones enmarcan lo que aquí se publica, creyendo contribuir a la agudización de sus efectos; haciendo los escritos de hecho partes visibles de los esfuerzos de transformación y transvaloración, tan queridos por los agentes del arte en sus líneas de afirmación y fuga, en los vórtices, paradojas y zonas de contacto fronterizo, donde hay ambigüedad. Temas que, al fin y al cabo, ya impregnan elocuentemente la propia poética en sus formas y estrategias de acción, más allá de lo puramente discursivo. Aliento de invención, siempre es ahí donde la apuesta es efectiva –y donde la escena se pone en movimiento.

· ·

Habiendo llegado al primer cuarto de este nuevo siglo –en la info-velocidad sin precedentes en la que las sensaciones son inquietantes y la temporalidad implacable–, el futuro no parece prometedor: las catástrofes se naturalizan mientras, paralelamente, buscamos otras respiraciones, otras formas de captar el aire, pulmones colectivos. Cada centímetro cuadrado de cualquier nanodesplazamiento es instantáneamente transformado en complejos mapas dinámicos –datos y más datos– por la sociedad de control. ¿Qué afectos cultivar, más allá de los automatismos? En este momento, es en las acciones de cuidado colectivo donde se nos exige radicalidad, para salvaguardar los vectores de producción conjunta y modelar nuevos agentes de práctica, sobre todo en el registro de una fina capacidad de alianzas y un agudo sentido de la urgencia: ampliando así las preguntas de esta investigación y dibujando umbrales desafiantes para artistas y agentes cómplices derivados (comisarios, críticos, teóricos, historiadores, etc.), en la reinvención de otra economía de prácticas. Al fin y al cabo, pocas veces la inmersión sensorial se ha hecho bajo una fuerza política y plural tan aguda. Si este *Manual del artista-etc* se publica ahora en castellano, la apuesta sería por la renovación de los debates y por la sensorialización de los problemas –sin duda, las mejores atribuciones de un libro.

Agradezco muy especialmente a Hernán Borisonik, por la iniciativa y realización de la traducción, siempre fuerte y audaz en su entusiasmo, proceso amablemente iniciado por Renato Rezende, a quien estoy igualmente agradecido. Esta edición cuenta con una generosa introducción de Juliana Gontijo, que indica, de forma precisa, algunas de las principales cuestiones tratadas –estoy feliz por la interlocución. Cada uno de los textos aquí reunidos fue escrito para un evento o publicación en particular y agradezco a quienes los hicieron posibles, por el interés y el estímulo. A Eduardo Coimbra, Raul Mourão y Bojana Piskur, coautores, agradezco el permiso para publicar nuestros textos en colaboración. En cuando al afecto, tengo la suerte de contar con la compañía de Luanda Francisco, a quien agradezco la energía amorosa, la "gasolina del amor".

01

Haciendo visible el arte contemporáneo[*]

En una serie de artículos, inicialmente publicados en el suplemento "Ideias" del *Jornal do Brasil,* y ahora reunidos en el libro *Argumento contra la muerte del arte* [*Argumentação Contra a Morte da Arte*], el crítico de arte Ferreira Gullar planteó diversos impedimentos que atentan contra la legitimidad del arte contemporáneo. Debido a una serie de dificultades, esta producción artística no siempre ha sido llevada al público de manera clara y precisa, siendo frecuentemente cuestionada en cuanto a su propio valor y posibilidad. Como artistas visuales, productores y pensadores del arte, nos vemos en la necesidad de expresar nuestras posiciones sobre estos temas, trasladándolos de un horizonte anacrónico, limitado y prejuicioso –del que parten visiones como la de Gullar– a un campo ampliado, actual, crítico y transformador…

Gran parte de esta visión que pone en duda la legitimidad de la producción contemporánea se debe en realidad a la precariedad del medio del arte en Brasil: crítica que no crea pensamiento en contacto con las obras; mercado que no promueve la circulación de los trabajos; museos sin capacidad para formar acervos.

[*] Con la colaboración de Eduardo Coimbra.

Se puede decir que el papel de la crítica fue fundamental para la articulación y surgimiento del movimiento Neoconcreto, raro momento en el que crítica y producción caminaron juntas. Todas las posibilidades que siguieron, experimentadas por el arte de la década de 1960, en Brasil, tienen su origen en la consistencia y sofisticación de este choque: las ideas y los conceptos, en el arte, siempre se forman verbal y plásticamente, de modo que no es posible que exista una creación crítica ajena al contacto directo con las obras, del mismo modo que es ingenuo suponer que el arte puede producirse sin pensar. El Suplemento Dominical, del *Jornal do Brasil*, fue un espacio, en la prensa, que permitió el desarrollo de una discusión de ese tipo.

La crítica de arte, por diversos factores, no mantuvo la continuidad de esta línea de acción, tras un rendimiento marcado por espasmos aislados e inconexos entre sí, de creación de pensamiento, en medio de momentos de retracción crítica. En ese sentido, un último momento brillante de la relación crítico-obra ocurrió en un segmento de la producción brasileña en la década de 1970, articulado por vehículos como *Malasartes*, *Opinião*, *Espaço ABC* y, posteriormente, *A Parte do Fogo*.

La década de 1980, en cambio, estuvo marcada por un falso antagonismo entre crítica y pintura, perjudicial para ambas, anulando el espacio de la crítica, suplantado por los valores del mercado, y restringiendo la pintura al placer de pintar. Para los ideólogos de la Generación 80 [*Geração 80*], la pintura sería "independiente del discurso verbal de la crítica", en una postura que reduce el objeto artístico a una condición pasiva, contemplativa y esteticista. Esta postura reduccionista estaba tan arraigada en el circuito del arte (en Río de Janeiro) que contaminó no sólo a la crítica sino también a los museos y mercados, incapacitándolos para ubicar correctamente los segmentos activos de la producción contemporánea. En realidad, esta pasividad implica una conceptualización del artista como subproductor, de quien se espera que produzca de acuerdo a las expectativas ya delineadas por un circuito que no acepta ser cuestionado y transformado por la actividad artística, y donde las voces de la crítica –excusadas por la prensa u ocupadas en cuestiones institucionales– se reducen, en el mejor de los casos, a tres minutos de charla en el fragor de la inauguración [*vernissage*].

Para hacer visible la producción contemporánea, es necesario el empleo de métodos correctos, a fin de extraer de un conjunto de actividades caóticas y deformes los contornos precisos de un evento artístico. La dificultad de este trabajo es la exigencia de estar siempre disponible para recrear parámetros críticos, reconociendo la primacía de las obras en la deflagración de este proceso; de lo contrario, una reflexión basada en prejuicios se convertiría en una especulación estética vacía y estéril.

En los últimos treinta años, la investigación plástica, al ir más allá del arte moderno, no hizo más que radicalizar y profundizar varias cuestiones, entre las cuales, romper con la idea de la especialización del artista en un medio específico –la búsqueda de la esencia–, combatir la discriminación entre materiales y medios artísticos y no artísticos, y la ampliación del campo de actuación del arte más allá de su propio espacio cerrado, que no se relaciona con otros campos del saber.

Producir arte hoy es operar con vectores de un campo expandido. Un campo que se abre a la intersección de diferentes áreas del conocimiento, en un panorama transdisciplinario, sin perjuicio de su autonomía y especificidad como práctica de la visualidad. La cultura como paisaje no natural configura el territorio donde se mueve el artista: su acción se convierte en una intervención precisa al movilizar inestabilidades en el campo cultural (regiones de la cultura que permiten problematizaciones, conflictos, paradojas), a través de una inteligencia plástica que visibiliza una red de relaciones entre múltiples puntos de oposición, donde la obra de arte es un dispositivo de procesamiento simultáneo e ininterrumpido, y nunca una representación, de estas relaciones.

Para rescatar la importancia de la producción artística contemporánea, como valor cultural, es necesario aceptar y comprender, repetimos, la primacía de la obra, pero como un objeto especial de visibilidad a través del cual se propagan cuestiones instauradas en la trama de lo real –proceso complejo, de compromiso ético-estético–, permitiendo acceder a un rápido impulso de actualización. Es a partir de las obras que destacamos algunos puntos de oposición que atraviesan la producción contemporánea como un todo, variando en mayor o menor medida, en sus diversas vertientes:

(Esta pequeña muestra no cita, por razones de espacio, a muchos de los principales artistas contemporáneos)

TEXTO X IMAGEN - toda obra de arte se relaciona con el campo discursivo, pero algunas incorporan directamente el texto como material o imaginería narrativa, en una interpenetración entre lo verbal y lo plástico (Ed Ruscha, Joseph Kosuth, Barbara Kruger, John Baldessari, Rosângela Rennó, Jenny Holzer, Alex Hamburger, Leonilson).

COMUNICACIÓN X PENSAMIENTO - cuando la instantaneidad comunicativa comprime el tiempo de reflexión, con el uso de logotipos, signos, diagramas, consignas (Matt Mullican, Ricardo Basbaum, Peter Halley, Lothar Baumgarten, Hans Haacke, Barbara Kruger).

ESPACIO ÍNTIMO X ESPACIO PÚBLICO - ¿cuál es el límite entre lo impersonal/público y lo íntimo individual? Anomalías de la intimidad hecha pública, inocencia, perversidad, deseo, obsesión, vida y/o muerte (Robert Gober, Mike Kelly, Lia Menna Barreto, Matthew Barney, Ivens Machado, Fernanda Gomes, Rodrigo Cardoso, Tunga, Valéska Soares), aislamiento y masificación del individuo en el espacio público y político (Jenny Holzer, Sandra Kogut, Andres Serrano, Cildo Meireles, Barrio, Gran Fury, Guerrilla Girls).

TECNOLÓGICO X TRANSLÓGICO - la disfuncionalidad del objeto a partir de racionalidades no lineales, y su recuperación a través de prácticas apropiativas e intervencionistas (Waltércio Caldas, Bertrand Lavier, Ange Leccia, Jac Leirner, Barrão, Ashley Bickerton, Eduardo Coimbra, Milton Machado, Mark Dion), y la desnaturalización del espacio ambiental y su reconstrucción a través de la neutralidad activa y estructural (Jan Vercruysse, Ana Tavares, John Armleder, Waltércio Caldas, Marcos Chaves, Carla Guagliardi).

REAL X SIMULACIÓN - la persistencia de la imagen como factor de desmaterialización de lo Real, convertido en signo, y también de creación de realidades virtuales donde, por un lado, la materia está presente como adjetivo de la imagen (Richard Artschwager, Leda Catunda, Haim Steinbach, João Modé, Márcia X., Brígida Baltar, Sérgio Romagnolo), y, por otro lado, el uso de una iconografía de reproductibilidad, a la vez copia y original, configura un territorio *egocentrado* que siempre se refiere a sí mismo (Jeff Koons, Cindy Sherman, Allan McCollum, Haim Steinbach, Sherrie Levine, Márcia Ramos, William Wegman).

HISTORIA DEL ARTE COMO CAMPO DE LA CULTURA - es posible encontrar trabajos que cuestionan la posibilidad y la eficacia de los medios tradicionales (la naturaleza de la pintura y la escultura), a través de procedimientos de extracción o saturación que superan sus límites como medios específicos (Robert Ryman, Jorge Guinle, Anselm Kieffer, Daniel Senise, Julian Schnabel, Beatriz Milhazes, Marcus André, Alexandre Dacosta, Nuno Ramos, Frida Baranek, Carla Guagliardi, Ernesto Neto, José Resende, Ângelo Venosa).

Todas estas oposiciones, y muchas otras que podrían suscitarse, configuran en realidad un conjunto de posibilidades en la red de relaciones que emergen de cada obra de arte, de modo que cada obra está verdaderamente atravesada por una multiplicidad, y no por un solo par de oposiciones. El mapeo propuesto anteriormente debe entenderse como una de las posibles estrategias de localización y nunca como una reducción de estas obras a un sólo tema. La obra es siempre previa, es una síntesis plástica y no una transcripción visual, constituyéndose como una singularidad a partir del encuentro sujeto-materia-contexto. La afirmación de un campo propiamente plástico se concluye con el establecimiento de nuevas modalidades de espacio y tiempo, a través de las particularidades de cada obra, determinadas por la red de relaciones que la constituyen.

Es importante recordar que, dentro de la perspectiva del campo expandido, la relación de estas obras con la Historia del Arte se da principalmente a partir de un cuestionamiento de la naturaleza de la obra de arte, y no tanto de la naturaleza de cada medio de expresión. El artista contemporáneo es un operador de la visualidad y su obra es una intervención en el campo de la cultura: es en la actuación de una inteligencia plástica potenciada al máximo que el artista buscará la eficiencia en su práctica, ahora estructurada en forma de Proyecto Plástico, bajo el signo de Transdisciplinariedad (cruce y superposición de varios campos del saber) e Intermedia (libre tránsito entre diferentes medios de expresión, utilizando diferentes materiales).

Con base en las ideas presentadas anteriormente, demostramos, en términos generales, que es posible construir un pensamiento que permita discutir la producción contemporánea. Este texto se propone como una estrategia de pensamiento generada en confrontación directa con las obras –compartiendo, simultáneamente, un mismo flujo creativo– y por lo tanto debe ser leído junto con las obras a las que se refiere. Solo fue posible lograrlo a partir de conversaciones y discusiones sostenidas en los últimos tres años, en Río de Janeiro, dentro del grupo VISORAMA[3], formado por artistas plásticos identificados con las posibilidades del arte desde la perspectiva de un campo expandido. Este esfuerzo es necesario para crear las condiciones para la comprensión de nuestras propias obras, confrontándolas con las principales producciones y temas contemporáneos, tanto a nivel nacional como internacional.

3   Grupo creado en 1990 por artistas que entonces residían en Río de Janeiro. El grupo estuvo integrado inicialmente por Carla Guagliardi, Eduardo Coimbra, João Modé, Márcia Ramos, Marcus André, Ricardo Basbaum, Rodrigo Cardoso, Rosângela Rennó y Valeska Soares, a los que luego se sumaron Analu Cunha y Brígida Baltar. Visorama produjo y organizó ciclos de debate en Río de Janeiro y San Pablo y los simposios "Visorama na UFRJ" y "Visorama na documenta" (ambos en 1992).

02

Cerebro cremoso al caer la tarde

memoria de la memoria, esa joya delirante

quitar mantas del cerebro cremoso, accionar aperturas

nuevos paisajes internos y externos

mis-nuestras interfaces productivas

cara a cara

generación

Hace diez años [1987], la gente todavía vivía en Río de Janeiro bajo el estigma de la Generación 80 –oportunidades y espacios, vacíos y especulaciones. Para algunos jóvenes artistas, la oportunidad de conquistar un lugar dentro del circuito de las artes, ya sea a través de la entrada al mercado, o sea a través de acciones con presencia en los medios. Región contradictoria de avances y retrocesos: una cierta dimensión oscurantista lo envolvía todo, buscando acercarse a la superficie dinámica de los acontecimientos, pero sin dejar de amputar los extremos de la audacia más radical, en un moralismo provinciano que aspiraba a controlar la nueva situación, conjugando intereses del capital más arcaico (alianza rural-paternal) bajo la novedad de la globalización. Las luces procedían de un increíble tráfico subterráneo diurno que se extendía en red a través de casas, plazas, escuelas, facultades, instituciones, etc. –dispositivos atravesados por defecto por intereses indómitos, sin más ambición que su propia expansión: motricidad tonta, que revela a veces brillantemente los simples impulsos del crecimiento. Sombras había, bajo los influjos del cinismo y del descompromiso, pensando que el arte es sólo el gran lanzamiento de todo, ignorando las conexiones perversas de la nada.

morena

Hasta que un buen día de enero de 1987, reunidos en el estudio de Barrão, en Laranjeiras, agentes visuales de los 80 (artistas, un crítico) deciden planificar un paseo dominical en Paquetá, en la playa de la Moreninha. Motivo: hacer pintura impresionista; o más bien, como decía el *press-release* [comunicado de prensa] / manifiesto, rehacer la historia del arte moderno a razón de un movimiento por mes. Del impresionismo llegaríamos al arte conceptual, al body art y la performance y, por supuesto, a la transvanguardia. El objetivo inmediato era crear un evento de intervención en la dinámica propia de la prensa, abusando de la temporalidad mediática, llevándola al absurdo: se creó la ficción de que los "artistas de la Generación 80" estarían celebrando el centenario del grupo *A Moreninha*, formado después de la visita de Manet a Brasil (en 1849) –grupo que reuniría a pintores dedicados al Impresionismo; el homenaje consistiría en una "maratón de pintura impresionista en Paquetá". Así que todos fuimos a la pequeña isla de la Bahía de Guanabara, dormidos, en el ferry de las siete de la mañana soleada de domingo, 1º de febrero de 1987. JB registró: "En el evento participaron los siguientes artistas plásticos de la Generación 80: Alexandre Dacosta, André Costa, Beatriz Milhazes, Cláudio Fonseca, Cristina Canale, Chico Cunha, Eneas Valle, Gerardo Vilaseca, Hilton Berredo, João Magalhães, Jorge Barrão, Lúcia Beatriz, Luiz Pizarro, Márcia Ramos, Paulo Roberto Leal, Ricardo Basbaum, Maria Lúcia Catani, Valério Rodrigues, Hamilton Viana Galvão y su hijo Rodrigo, Solange de Oliveira, y el profesor John Nicholson" –y el crítico Márcio Doctors (en la fotografía también puedo reconocer a Maria Moreira). Gente de todo tipo, artistas de muchos gustos. Imposible negar que fue muy divertido. Desde el ferry ya cantábamos el *himno-fado-toada-rock-corta-jaca* "Fin de Milenio en Paquetá", que compusimos juntos Alexandre Dacosta y yo. Habiendo llegado a la isla, en varios momentos repetimos la canción: en uno de ellos, el equipo de *Fantástico* registró en imágenes, al mismo tiempo que una muchacha que pasaba por la playa era elegida como personificación de *A Moreninha* y homenajeada por todos. Creo que hizo un buen clip. Eneas Valle realizó una acción de inspiración beuysiana-tropical, con una gran radio y otras cosas. Sonrisa en los labios, hasta el día de hoy me dan ganas de reír, el recuerdo del sol y la cordialidad divertida me hace feliz.

bonito

Por supuesto, la euforia se apoderó de todos (¡al menos de mí!), y en la siguiente reunión del grupo (las reuniones fueron en el estudio de Hilton Berredo) inmediatamente pensaron en cómo continuar con las actividades; y cayó como anillo al dedo la conferencia del crítico italiano Achille Bonito Oliva, que se iba a realizar en 15 días en la Galería Saramenha: ¡sí! Vamos a intervenir en la conferencia del célebre crítico, mentor de Transvanguardia, una corriente que nos llegaba envuelta en sospechas como "es un movimiento conservador, porque sólo habla de pintura", o entonces "se trata mucho más de un juego económico que artístico". En efecto, la impresión cultural vigente en aquellos días se enfrentaba a una ausencia total de valor y dirección, salvo el flujo económico señalando lo más caro como lo más importante –y no al revés, suponiendo que la acción del artista puede importar, valer algo. Y el Bonito, con toda su aura de provocación, ya desplegada en anteriores visitas a Brasil, se convirtió en un blanco *jasperjohnsiano* ultra evidente para la próxima intervención del grupo. La verdad es que a nadie le importaba (presente-pretexto con valor simbólico), la acción iba mucho más dirigida al público local, al circuito local, arte local (*Cruzeiro do Sul*, Cildo Meireles): lo de siempre, hacer algo y producir *feedback*, devolución.

acción

Nos cambiamos de ropa en los baños del Shopping da Gávea, vistiendo uniformes de meseros y meseras (éramos cinco: Alexandre Dacosta, Barrão, Márcia Ramos, Lucia Beatriz y yo). Sentados en sillas entre el público, 'disfrazados', otras personas del grupo. La conferencia comenzaría a las 21 h. Se suponía que toda la acción duraría unos 15 minutos y luego todos se irían (la señal era algo así como "terminó el dulce"). Todo demasiado rápido. Los meseros repartiendo dulces y paseando por el espacio; los que estaban sentados en la audiencia se levantaban de vez en cuando y se ponían orejas de burro. Pero nadie se esperaba el insólito desenlace de la noche cuando, ya en plena intervención (vean ustedes, sucedían muchas cosas al mismo tiempo: cinco mozos repartían dulces en las cuatro esquinas –¡la gente se acercaba a pedir!–, yo mismo puse un terrón de azúcar en el vaso de agua de ABO; la conferencia se desataba en italiano, y en un momento se dijo que "lo que está pasando aquí es una performance, un arte obsoleto, propio de la década de 1970…"; en mi bandeja de mesero llevaba una grabadora que tocaba música campesina, un éxito del dúo Pirapó & Cambará; Barrão distribuía imágenes de Cosme & Damião, Alexandre, terrones de azúcar y caramelos, además de Márcia Ramos y Lucia Beatriz; en la primera fila de sillas, Eneas Valle observaba la conferencia de espaldas, siguiendo todo por un espejo retrovisor; Paulo Roberto Leal, Cláudio Fonseca, Hilton Berredo usaban sus orejas de papel; …). Bonito, que se ponía cada vez más rojo, se levantó de su silla y fue por mi grabadora, tirándola al suelo. Paulo Roberto Leal, que estaba sentado a su lado, se levanta gritando "¡andá a pegarle a un artista en tus tierras!". No hace falta describir la escena tragicómica, la confusión armada y la estampida general del grupo hacia afuera de la galería (todavía gritaba "¡Moreninha!"). A través del cristal pudimos ver que Eneas Valle seguía allí, viendo la reanudación de la conferencia por el retrovisor. A la salida, nos encontramos con el dúo Alex Hamburger –con un gorro de marinero hecho con papel de periódico doblado y una espada amarilla de He-Man– y Márcia X –vestida de Rambo. Fuimos todos al *Baixo Gávea* a comentar lo que había pasado.

después

Curiosa fue la polémica que siguió, a través de las páginas de los periódicos, después de que ABO, sorprendido y confundido por su participación involuntaria en nuestra intervención, entrevistado por el Caderno B, calificara la cultura brasileña de "sambista": entraron en escena los nombres de Chico Buarque y Nei Lopes, para afirmar que el samba no es nada peyorativo, y que "quien no gusta del samba bueno no es, es malo de la cabeza o enfermo de los pies" [*quem não gosta de samba bom sujeito não é, é ruim da cabeça ou doente do pé*][4], etc. Caminos imprevistos de la intervención, que nada tenían que ver con el orgullo, nacionalista, populista, xenófobo o patriótico –habiendo sido sepultados lejos (ver Brasil Diarréia, HO) por los vientos de apertura política, aún teníamos en la boca el sabor amargo de la derrota de las 'elecciones directas ya', condenados a esperar unos años más las elecciones directas a Presidente. Después de la fuga a *Baixo Gávea*, el grupo mantuvo, durante la semana, sucesivas reuniones de evaluación, donde el denominador común era el sentimiento general de incomprensión –entonces era necesario que dijéramos algo, en primera persona del plural, sobre la acción. Siendo el medio del arte algo básicamente movido por el boca en boca –chismes–, imagínense lo que pasó en el circuito en esos días, ¡cuántas orejas 'calientes', cuántas lágrimas derramadas, relaciones afectivo-comerciales perturbadas por tal *affair*! Mi impresión es que el momento fue infrautilizado como foco de discusiones interesantes: esta acción sólo hizo visible la fragilidad y la extrema 'personalidad' de las relaciones entre los personajes en el ambiente artístico local –lo que facilita tanto las amistades como las enemistades, y dificulta una inserción más consistente del trabajo. Cerebros cremosos los nuestros, ayer más que hoy, mañana más que nunca.

lapada

"Moreninha murió, Bonito Oliva bailó y aquí viene la Lapada" (*press-release* de la exposición). Así es, se dio (en junio) la *Lapada Show*, una

---

4 Verso de la canción *Samba da Minha Terra*, de Dorival Caymmi (1940).

exposición que reunió trabajos variados de todos (nombres: Alexandre Dacosta, André Costa, Cláudio Fonseca, Cristina Canale, Eneas Valle, Gerardo Vilaseca, João Magalhães, Jorge Barrão, Hilton Berredo, Márcia Ramos, Paulo Roberto Leal, Ricardo Basbaum, Solange Oliveira, Valério Rodrigues, Márcio Doctors y la participación de Lygia Pape, Alex Hamburger y Márcia X.) en plena Lapa, Rua do Lavradio. Esta Lapada presentaba instalaciones, pinturas, etc., y sinceramente me causó una extraña incomodidad, ya que las obras tenían dificultad para dialogar entre sí, revelando que lo que unía a esos artistas era mucho más la necesidad de 'enunciar' que de 'visualizar': las acciones buscaban el verbo (mi obra tenía tres frases, sobre un cuadro en el suelo, las esquinas de la habitación cubiertas de tierra: "momento definido como pre-arte / el beso amoroso en nosotros y en nuestros amigos / cuenta regresiva para salto que viene"), se buscó la palabra, sin la cual nadie habla. Por eso considero que *Moreninha-Lapada-Orelha* es el fin de la Generación 80, su agotamiento como tendencia de visualidad muda, demostrando que no hay arte sin el problema de la creación de un discurso fuerte, sin el habla del artista (migración de palabras…).

oreja

Fue entonces cuando el grupo decidió rebautizarse como Oreja [*Orelha*], en homenaje al universo audiovisual, a Van Gogh (que se cortó la suya) y a la operación que sería realizada por Eneas Valle (en sus propias): una operación plástica que tocó a todos, y me pareció genial que uno de los artistas sometiera su propio cuerpo a las marcas de una transformación que llevaría, como contenido, las proposiciones y discusiones que se acumulaban en el grupo –*body-work, body-art*, problema ético-estético. Cirugía precedida de pequeño ritual performativo, todo video-documentado (ritual + cirugía) por Sandra Kogut (imágenes virtualmente desconocidas), a mediados de 1987. Producir un video y un libro, ese era el objetivo, ambos teniendo como título el nombre de este órgano del cuerpo con la función de conducir el sonido al nervio auditivo. El pequeño volumen, en blanco y negro, llevaba en la portada la oreja de Marcel Duchamp y, precediendo a cada capítulo, fotos de las orejas de los artistas del grupo.

En su texto, Márcia Ramos desarrolla un estudio clasificatorio, identificando todos las orejas (¿del mundo?) como pertenecientes a los grupos α, β y γ; Eneas Valle, en prosa rápida e ingeniosa, describe sus "Geodemas de Uá Moreninha"; Márcio Doctors ensaya, bajo el título "La experiencia estética de la invención como radicalidad estética de la vida". Y por ahí va. A través de collages, dibujos, poemas, cuasi-ensayos, partituras, fotografías, *Orelha* es un volumen-collage, hoy olvidado. Cada quien buscó, a su manera, caracterizar esa fugaz presencia femenina que acechaba a todas hace diez años, generando un peculiar efecto de posesión espiritual que provocaba acciones artísticas. Extraño, curioso, el proceso de trabajo colectivo: personas de diferentes orígenes se encuentran y realizan una serie de actividades y luego, poco a poco, siguen sus caminos –y el grupo se deshace, nunca está del todo claro cómo. ¿Y hoy? Bueno, al final del día no estamos tan derretidos, a pesar de que, al mediodía, el fuerte sol de verano actúa sin descanso sobre el encéfalo, el bulbospinal, el cerebelo, la médula y los huesos.

03 La crítica de arte como campo privilegiado de la ficción contemporánea[5]

Durante los últimos cinco años, en mi práctica artística, he estado trabajando con diagramas. Sobre todo, desarrollando un tipo especial de diagrama, elaborado a partir de los pronombres 'YO' y 'VOS', que combina líneas y palabras (con referencias de tiempo y espacio), que permiten llevar a lo visual diferentes patrones de relación –que involucran afecto, atracción, conexión, repulsión, etc. Los diagramas producen un campo afectivo e indican paisajes mentales, presentando aspectos de procesos de transformación: establecen conexiones y desconexiones entre sujeto y objeto, ubicando la construcción de la identidad en un determinado territorio

5   Como verá el lector, este texto debe gran parte de su argumentación al concepto de "línea orgánica", propuesto en 1956 por Lygia Clark (una línea en la unión de dos superficies, no trazada ni dibujada por el artista). En palabras de la artista, "una línea que es real [y] existe en sí misma, organizando el espacio".

que configuran. Trazar territorios es parte del proceso, del mismo modo que los territorios pueden dar origen a otros procesos.

Dichos diagramas encarnan posibles estrategias narrativas que pueden ser desplegadas en cualquier momento por el espectador, dando origen a nuevas historias/relatos que ahora comienzan a incorporar el/la espectador/a mismo/a, invitando (de manera especial) a ser parte del juego narrativo. En mi práctica como artista, los diagramas aparecen como un medio para hacer visibles los vínculos entre la práctica visual y el campo discursivo: los diagramas no siguen teorías ya escritas, sino que son estructuras que se abren hacia el exterior, posicionándose como una zona intermedia, membranosa, que quieren ocupar. Trabajando en la línea del límite y haciéndola permeable, táctil, poética –menos fronteriza y más una zona caliente y liminal, donde las fuerzas libres y disponibles pueden cargarlo con energía o disolver sus planes preparados previamente. Allí las cosas se mueven de modo errático.

Cualquiera que haya experimentado el trabajo con palabras, imágenes y objetos puede ver cuán valiosos son los pasajes que conectan el campo visible y el discurso. Su manejo (los pasajes) permite construir un proyecto de desplazamiento entre ambos materiales (arte y texto), descubriendo los signos de un estado de atención que permite comprender mejor cómo los significados y las cosas se entrelazan y se relacionan entre sí. En el proceso de descubrir cómo ubicarme en este lugar caótico e inestable, me encontré en la posición de desarrollar estrategias para la invención de medios colectivos de intervención en un circuito particular: aquel en el que habitualmente actúo, en Brasil. Como grupo[6] (pero también añadiendo otros artistas), experimentamos con diferentes formas de estar juntos, planeando eventos donde pudiéramos confrontar nuestro trabajo, no sólo entre nosotros, sino también con lo que se estaba produciendo en otros lugares. Se organizaron presentaciones de diapositivas, simposios, conferencias, debates, encuentros, etc. con la intención de descubrir e inventar

---

6 Me refiero al grupo Visorama, activo en Río de Janeiro entre 1991 y 1993 en la promoción de debates en torno al arte contemporáneo. Los participantes del grupo fueron, entre otros, Eduardo Coimbra, João Modé, Carla Guagliardi, Brígida Baltar, Márcia Ramos, Marcos André, Rodrigo Cardoso, Rosângela Rennó, Valeska Soares y Analu Cunha.

temas y cuestiones relacionadas con nuestras prácticas como artistas. A los pocos años de realizar tales actividades, fundamos la revista de arte *item*[7].

¿Por qué elegir una revista como forma de acción? ¿Es posible incorporar una programación interesante que cumpla con las expectativas de los artistas? ¿Puede una revista visibilizar ciertas demandas culturales dentro del circuito del arte? *Item* surgió como parte de una estrategia para crear un nuevo campo discursivo que pudiera articular cierto segmento de la producción de arte contemporáneo en Brasil, que no ve el mercado como el principal objetivo del artista. En la medida en que el circuito (o sistema) del arte brasileño es extremadamente frágil (de hecho, reproduce en su estructura muchas de las dificultades y arcaísmos de la economía del país en su conjunto), usualmente las obras de arte que allí circulan no suelen compartir ninguna dimensión investigativa, más allá de su presencia visual. Esto parece ser una especie de factor 'endémico' en relación a los trabajos de arte en Brasil: como en cualquier otro lugar, el mercado puede consumir lo mejor del arte contemporáneo, con la intención de integrarse en el escenario del mercado global del arte; pero esto es hecho/procesado sin cuidar las 'capas discursivas' generadas por los trabajos. Es casi un lugar común considerar que la mayoría de los críticos de arte y escritores brasileños no corren los riesgos excesivos de acercarse a aquellas obras de arte que no encajan dentro de las expectativas ya conocidas; y los artistas se niegan a articular sus posiciones en palabras, dejando abierta la atención al uso del texto como herramienta para abrir perspectivas para sus proyectos.

Obviamente, no deseo aquí crear la impresión de una superficie monótona. Algunos críticos y artistas importantes juegan un papel activo en relación con el arte contemporáneo, cumpliendo sus roles en la escena brasileña. Sin embargo, la mayoría de los escritores de arte se han mantenido aferrados al hábito de abordar el texto como una herramienta para reaccionar únicamente ante los trabajos de arte, en lugar de asumir una posibilidad más inventiva de compartir con ellos algo de la sustancia que impregna la región fronteriza de la imagen/texto. Cuando asumen trabajar

---

7   *Item* fue fundada en 1995 por los artistas Raul Mourão, Eduardo Coimbra y Ricardo Basbaum. Se publicaron seis números entre 1995 y 2002. Las revistas están digitalizadas en <item.art.br>.

sólo desde una perspectiva reactiva, los escritores enfatizan sus roles de jueces o didácticos, para lo cual sus escritos, presumiblemente, establecerán una asociación útil y práctica con las obras de arte –considerando que estas necesitan traductores, con la autoridad (y la habilidad) para hablar en su nombre. En términos generales, a los artistas no les importa lo que estos escritores reactivos digan sobre su trabajo, pero sienten que puede ser importante ser mencionados aquí o allá en las prestigiosas páginas de las revistas de arte de todo el mundo. Tal es el círculo vicioso de la escritura sobre arte: los artistas hacen el trabajo; los críticos comentan. ¿Existe alguna esencia natural propia de las palabras, de las obras de arte o de la percepción que pueda garantizar que las cosas procedan así? Al reproducir sin cesar esta estructura, se produce una cierta jerarquía: los artistas en la base, como productores de imágenes; críticos y curadores (y galeristas) en la cima, como los responsables de organizar la discusión sobre el sentido de los trabajos. Podemos decir con certeza que esta estructura no satisface las necesidades del arte como espacio abierto y experimental. Es necesario buscar otro patrón de relación entre textos y obras de arte, que nos haga creer que la escritura puede jugar un papel maravilloso en la expansión de los sentidos –si las palabras se acoplan a las obras de manera especial e interesante.

Está fuera de cuestión, hoy, pensar la creación como algo que pertenece exclusivamente al campo del arte; incluso el arte actual ya no se aborda en términos de creatividad. Los deportistas, los banqueros, los ingenieros o los médicos pueden ser más "creativos" que los artistas (a quienes eso ya no les importa). Incluso el término "invención" ya no puede indicar con precisión la condición de la práctica artística actual. Desde al menos la segunda mitad del siglo XX, las artes visuales se acercan a la realidad, es decir, evitan derrochar energías en construirse como una metáfora que sólo existiría fuera del mundo. Después de la década de 1960, se puede decir que el arte produce lo real: no hay forma de esconderse del trabajo; o se confronta o se ignora. En este sentido, se puede decir que cuando la crítica de arte opera de manera reactiva, está, de hecho, evitando una verdadera confrontación con la obra de arte, simplemente porque acepta como destino el hecho de que surge posteriormente a la obra –en una secuencia de tiempo– viéndose a sí misma como el siguiente paso después de la producción de las obras. Los textos reactivos difícilmente encontrarán otro lugar que no sea al lado, en un lugar contiguo a las piezas –posición que a veces da la falsa impresión de constituir un todo o una visión total, compuesta por textos y obras de arte, pero que en realidad mantiene a la obra fuera del "mundo" (reduciendo la complejidad del "mundo" a la linealidad de la "palabra", haciéndolos casi sinónimos).[8] Se obtiene un efecto completamente diferente cuando el escritor está comprometido a otro modo de escritura –que organiza el discurso de manera diferente en términos de espacio– que podríamos llamar prospectiva.

De hecho, no importa si los textos aparecen después o simultáneamente en relación con las obras. Lo importante es no caer en la trampa de las cadenas de causa y efecto, que pueden envolver a la obra de arte en una relación lineal, ajena a su funcionamiento, obligándola a abandonar su potencial multiplicador, propio de los tiempos actuales. Lo que realmente cuenta es la capacidad del texto para subvertir el patrón temporal tradicional (la cadena pasado-presente-futuro), interactuando con las obras para enfatizar su relevancia y pertenencia al presente: la combinación de texto prospectivo y obra de arte crea un agregado conceptual-sensorial que de hecho opera como una producción de lo real. Tenemos entonces un patrón espacio-temporal valioso, lleno de sutilezas, que lleva al lector-espectador un paso adelante. Ella/él entrará en un ambiente discursivo donde el proceso de vivencia de las obras se entreteje con los conceptos que trae el texto, de modo que ella/él se somete a una especie de doble experiencia, sensorial y conceptual: la obra de arte, en toda su materialidad, ejerce plenamente su capacidad de funcionar como un punto de atracción, un centro transitorio que reordena todo a su alrededor; este poder de atracción es el resultado del campo sensorial creado por la obra, del patrón sensible de pensamiento que se produce con la intervención; así, este campo sensorial es inseparable de la red conceptual que lo pone en acción y que ahora se ve obligada a reconfigurar sus conexiones. Así, el tipo de escritura que podemos llamar prospectiva produce estratégicamente un sentido de actualidad que designa y diseña la intervención propuesta.

8   La primera versión de este texto fue escrita en inglés. En el original hay un juego de palabras que se pierde en la traducción: "reducing the complexity of the 'world' to the linearity of the 'word', making them almost like synonymous".

Es con este propósito que aquí me apropiaré de algunos trabajos de arte producidos recientemente en Brasil –en Río de Janeiro, para ser más preciso– que pueden ayudar como apoyo en mi argumento. Lo que voy a decir obviamente no pretende cerrar la lectura de las obras; las pocas líneas que se traerán aquí sólo apuntan al uso de palabras de acuerdo con los propósitos de este texto; no procedo así avergonzado por compartir eventualmente un fuerte sentido de intimidad con estos trabajos, lo que me permitiría posicionar sus patrones de impacto sensorial de acuerdo con la red conceptual tejida por primera vez en este texto. Pero debido a que todos los artistas que comentaré brevemente también se han comprometido, con sus obras, en proyectos que van más allá de las simples estrategias personales, es decir, han trabajado intensamente en la construcción de un paisaje colectivo –lo que hace sus intervenciones no deben verse en el aislamiento de puras realizaciones individuales sino como parte de una posible estrategia para modificar el circuito del arte y sus capas discursivas. La revista *item* se ha convertido en una forma concreta de acción sólo porque hemos sido capaces de imaginar las líneas esquemáticas/diagramáticas que conectan diferentes artistas (es necesario forjar un sentido de comunidad) en torno a un proyecto de intervención en el escenario actual del arte brasileño. La necesidad de transformación no es una vaga ambición, sino una condición para la supervivencia.

En 1996, Brígida Baltar cavó un refugio, del tamaño de su cuerpo, en las paredes del estudio –ubicado en su casa. Allí pudo experimentarse a sí misma; como en un autorretrato ampliado, creado en referencia a su cuerpo físico. Esta pieza formaba parte de una serie más amplia de trabajos, utilizando elementos encontrados en la casa donde vive, a veces recogidos y guardados en grandes macetas o incluso utilizados en otros experimentos (materiales como polvo, ladrillos, piedras, partes de la estructura de la casa, etc.). Al mismo tiempo, también comenzó a recopilar elementos de su propio cuerpo o vinculados a la historia de su cuerpo como encarnación de la identidad: lágrimas, aliento, imágenes, ropa vieja, etc. Lo que me interesa de este trabajo es la propuesta de ocupar con su propio cuerpo el muro que limita la casa: construye un lugar en la línea fronteriza, sintiendo los bordes como un espacio membranoso y haciéndolo visible. Allí se pierde inevitablemente, al mismo tiempo que demuestra que es imposible vivir sin ampliar las líneas que continuamente se dibujan a su alrededor. Destaca la importancia de actuar sobre estos límites, no derribando fronteras de forma simple e ingenua sino ocupándolas estratégicamente, transformándolos en un espacio espeso, como una membrana.

Eduardo Coimbra, con sus imágenes y *earthworks*, ha venido transitando por problemas similares, en el sentido de hacer visibles las interfaces. No es su propio cuerpo sino la institución (museo o galería), como espacio envolvente, que es cuestionado a través de sus acciones. Llevar el exterior (la tierra) hacia adentro es una estrategia muy conocida del *land-art* (y podemos recordar a Robert Smithson y sus *non-sites*), pero Eduardo inserta una dimensión que incluye la imagen, colocando cajas de luz en la tierra que muestran el paisaje que se conserva fuera de los muros del Museo. Me gustaría dejar claro en la obra su esfuerzo por conectar el interior y el exterior, enfatizando la interfaz entre ambos no como una línea, sino como un espacio real y denso a explorar.

Veo la misma cuestión en la instalación "Mergulho no Reflexo" (1996) de João Modé, a pesar de que lleva el problema hacia la interioridad, el espacio interno del cuerpo. Para esta instalación, el artista se rapó todo el cabello de su cuerpo (después de dejarlo crecer en los cuatro años previos a la exposición), colocándolo en la entrada de un laberinto, que se convirtió en un rito de paso para llegar a la sala principal, construyó una estructura de madera, hecha con el uso de materiales apropiados de la naturaleza, como la corteza de los árboles, por ejemplo. La sala principal de la instalación se cubrió con tierra (en el piso), y el artista agrupó allí un pequeño árbol, liana e insectos. No puedo evitar pensar en este espacio como un experimento con la naturaleza artificial, considerando el cubo blanco de la galería como un laboratorio, un espacio aséptico y al resguardo del exterior. Pero en lugar del frío espacio institucional, Modé habla de colonizarse a sí mismo, plantar árboles dentro de su propio cuerpo, dejar que los insectos corran por sus piernas y brazos. Creó un espacio ritual de transformación, considerando la subjetividad contemporánea como un espacio vasto y vacío que necesita ser recolonizado. Autocolonización, construcción del yo.

"O Puxador" (1999), de Laura Lima, también establece preocupaciones por la relación entre espacio interior y exterior. Esta obra performática consistió en la acción de arrastrar el paisaje hacia el espacio de la galería, por parte de un hombre desnudo –había varias cuerdas atadas a su cuerpo, atadas a las palmeras afuera. El trabajo "termina" cuando el paisaje finalmente se lleva a la galería. Si fuera una artista de la década de 1970, seguramente Laura realizaría ella misma el esfuerzo performativo de la obra, experimentando con su propio cuerpo. Pero cuando decide trabajar con el cuerpo de otra persona, inventa una performance que visibiliza el proceso de incorporación y corporeidad: quiere que seamos testigos de cómo el paisaje se transforma en símbolos orgánicos que recorren nuestra mente-cuerpo –recuperando el proceso de "metabolismo simbólico" de Lygia Clark. Si el paisaje es efectivamente llevado a la habitación es porque se transforma en imágenes orgánicas, sustancias que circulan dentro de nosotros –a pesar de que (el paisaje) permanece físicamente invisible. Uno de los efectos de esta pieza es visibilizar el complejo proceso de incorporación de la información, mostrando sobre todo el esfuerzo físico que implica este paso.

La obra de Raul Mourão que me gustaría mencionar también involucra el exterior, el espacio de las calles. Raúl realizó sus "5 pinturas" (1999) a partir de señales de uso común en las calles de Río de Janeiro. Dondequiera que haya un área en construcción en la ciudad, está delimitada por paneles horizontales de madera, con fondo blanco, marcados por listas rojas en "V". Como indica el artista, a partir de ahora todos aquellos que vean estos señales en las calles los convertirán inmediatamente en pinturas: esta es en realidad una forma de integrar el arte en el espacio público a través de la estampación, es decir, a través de la percepción y la memoria. Pero lo que también me llama la atención aquí es el hecho de que las cinco pinturas descansan en el suelo yuxtapuestas una encima de la otra, de modo que sólo la primera se puede tocar con los ojos. Las pinturas se convierten en un objeto, una escultura que señala un lugar dentro de la galería pero que en realidad nos quiere sacar al exterior, a la calle. Lo que constituye su lugar dentro del cubo blanco es el espacio secreto que se despliega cuando el espectador puede ver sólo la primera pintura, las otras cuatro permanecen ocultas a sus ojos. No importa si son iguales o no: se ha creado un espacio secreto y hay que hacer algo al respecto.

Marssares mantiene su cámara fotográfica en el congelador. Ciertamente no para producir imágenes congeladas, pero sí para confrontarnos con la imagen que registra un objeto en proceso de desaparición, en la medida en que el hielo se derritiera por completo si la cámara no se vuelve a ocultar de nuestros ojos dentro del congelador. Evidentemente, la imagen ya se ha emancipado de la máquina, ya está en su exterior. Nuestra mente es más rápida que el mecanismo de la cámara, y si cada vez que presionamos el botón producimos una sola imagen, cuando nos enfrentemos a esta imagen en particular produciremos miles. Congelar la máquina parece ser una estrategia para liberar nuestra mente de una mecánica que consideramos ya conocida. O más bien, tomar conciencia de que la mecánica que produce imágenes en el arte también depende de otro proceso maquínico, en particular la hibridación del cuerpo con ciertos objetos, de una manera específica: dejar que la mente-cuerpo sea invadida y presionada por fuerzas sensoriales-conceptuales.

Me gustaría terminar este texto presentando dos tipos de vehículos. Vehículo indica, aquí, una estructura que se transporta junto con ciertos conceptos diseñados y proyectados, formando un agregado que articula contenidos discursivos y no discursivos.

El primer vehículo es el quiosco de Helmut Batista y Bia Junqueira: una escultura en forma de quiosco (1999), construida con fines multiusos. Además de vender ediciones de arte, revistas, libros, etc., puede ser utilizado para encuentros (espacio interno) y como pantalla de proyección –ya que sus paredes están construidas con una superficie semitransparente que puede recibir imágenes de un proyector de diapositivas o vídeo.

El segundo vehículo está presente en una imagen de 1994, del inicio de mi proyecto "¿A vos te gustaría participar en una experiencia artística?". Este proyecto, aún en desarrollo, consiste en invitar a los participantes a utilizar en casa durante un mes un objeto de hierro pintado de 125 x 80 x 18 cm. Como puede ver, el objeto parece vacío, pero en realidad contiene varios conceptos, que también se pueden usar. Situada en el límite entre ser o no una obra de arte, el objeto pretende producir un proceso de transformación, desencadenando palabras (incluyendo comentarios y críticas), acciones y comportamientos, producidos a partir de un intenso nivel de experiencia, hibridación e involucramiento provocado por él (y no derivado exclusivamente de un proceso analítico único y central).

Como revista de arte, *item* se percibe como un vehículo, una herramienta para estrategias discursivas y no discursivas.

04

Agora[9]

Nosotros (Eduardo Coimbra, Raul Mourão y Ricardo Basbaum) somos parte del grupo *Agora - Agência de Organismos Artísticos*. No somos exactamente un "grupo", sino una "agencia". Una "agencia" no es una galería de arte, no es una oficina de arte, no es un centro cultural, no es una tienda, no es una cooperativa de artistas. El concepto de "agencia" se acerca a la idea de "prestar servicios artísticos", de producir valores e intervenir en un determinado campo cultural.

Pero no pienses que somos criaturas con "un inmenso poder altruista para contribuir al bien público". Lejos de eso. *Agora* está formado por artistas que se dedican a la producción de arte contemporáneo. Por tanto, los "servicios" que podemos ofrecer pasan directamente por los lenguajes que estamos movilizando en nuestros trabajos, en nuestra práctica y actuación como artistas. Nuestra agencia produce textos, posibilita exposiciones, organiza conferencias y debates, realiza proyecciones de cine y video, comercializa obras de arte y ediciones de múltiples artistas. Todas estas actividades forman parte de una posibilidad de uso de los lenguajes del arte contemporáneo –aquellos en los que estamos comprometidos. El arte contemporáneo nos brinda herramientas para la producción de la Realidad, volviendo visible un campo de interrogantes y problemas.

Es importante dejar claro que la agencia *Agora* no quiere competir con instituciones de arte establecidas, enfrentarse a museos o galerías y luchar por esta forma de poder dentro del circuito. Tampoco quiere permanecer

---

*	Con la colaboración de Eduardo Coimbra y Raul Mourão.

9	En portugués se da un juego de palabras entre el significado de "agora" [ahora], y su utilización como acrónimo (o acróstico) para la Agencia de Organismos Artísticos. [N. de T]

en un espacio marginal alternativo, sin tener acceso o participar en los eventos. Queremos instalarnos en una región que aún está vacía, dentro del circuito brasileño, que permita agilidad para realizar iniciativas que, de lo contrario, tendrían que desgastarse en la burocracia de las grandes instituciones.

Gradualmente, estas actividades configuran un perfil de lenguaje y acción que crean otras posibilidades de circulación de ideas y trabajos. Los nuestros y aquellos con quienes hemos desarrollado lazos de afinidad –no personales, por supuesto, sino estratégicos. Ocupar esta página, utilizando internet como herramienta de acción, ya forma parte de nuestro proyecto de intervención. Contamos con ustedes para esta interesante aventura.

05 Post-galerías

Desde la década de 1950 (inicialmente en el eje EE.UU./Europa) la Galería de Arte se ha consolidado como la institución que garantiza la comercialización del arte contemporáneo. Aparentemente, no hay escapatoria a esta evidencia: parece necesario construir una conexión entre la producción y el mercado, y la institución que realiza esta tarea es la galería, un espacio expositivo abierto que tiene una lista de "clientes", atiende a las colecciones de Museos, participa en ferias internacionales, brinda información adicional sobre "sus" artistas (los que son "exclusivos" de tal o cual galería), etc. A menudo, si un curador está interesado en conocer mejor la producción de un artista, es la galería –no el artista– lo que busca inicialmente. La galería funcionaría entonces como un verdadero administrador del artista, regulando los aspectos comerciales de su carrera y su inserción en el circuito.

Pero la situación descripta anteriormente se refiere sólo a lo que es plenamente visible, ofrecido a la vista sin ninguna dificultad. El verdadero proceso de producción de un artista no se da "allí" donde la galería se acerca y asume gran parte del control regulatorio. No gastaré palabras en mencionar lo obvio, pero este proceso no es linealizable y responde a las más variadas motivaciones, bajo la asombrosa observación: los artistas pasan su tiempo inventando problemas –para ellos mismos, para los demás, para la cultura. Ocurre también que el arte moderno ha autonomizado al arte bajo el signo de una tradición crítica y emancipadora (lo que también conlleva una importante ironía), que en las últimas décadas se ha transmutado en "intervención", "resistencia", "producción de pensamiento", "singularidad", "evento", "emergencia" (podríamos buscar más términos todavía). La condición actual es de ineludibilidad a las fuerzas omnipresentes de la lógica del capital, con las que es imposible no negociar, ya que no existe un lugar ideal de refugio, pero aún es imprescindible reinventar las posibilidades de escape de la producción a esta lógica totalizadora, buscando también la fabricación de otros valores.

Una forma sería mostrar que el mercado no se constituye en un solo bloque, y apostar por la multiplicidad de fuerzas allí involucradas: es posible entonces negociar espacios para producciones que apunten a la construcción de otras estructuras para la inserción de obras en el juego económico. Correspondería también a la inquietud de artistas menos resignados inventar formatos de acción que sensibilicen a las galerías ante los cambios conceptuales y desarrollen, en forma de agencias autónomas, propuestas de difusión de sus experiencias lingüísticas y de trabajo.

Estas observaciones se refieren principalmente al circuito del arte brasileño, en el que las principales galerías existentes tienen que hacer frente a un público comprador de perfil mayoritariamente conservador, penalizando la circulación de obras menos comprometidas con el uso de soportes convencionales y lenguajes ya reconocidos.

06

¿Debatir o debatirse?

Hacer arte contemporáneo en Brasil es debatirse en aislamiento, en una atmósfera de casi-mutismo. Da gusto charlar sobre el trabajo realizado, la exposición recién inaugurada, los grandes planes de futuro y los descubrimientos lingüísticos... Pero ¿hablar con quién? ¿Conversar con quién? "Espejito, espejito, ¿existe artista más genial que yo?": la famosa frase de la bruja suena aquí a modo de trampa para el desprevenido artista que se cree la nueva Blancanieves (leí hace un tiempo en la revista Artforum que Mondrian envió desde NY, a su hermana en Holanda, postales de Blancanieves, a la que adoraba. Quizás el blanco sobre blanco era el morbo del genio holandés).

Los artistas cultivan ciertos rituales de complicidad entre ellos: hay un discurso que discurre "entre estudios", conversaciones cercanas al oído que se deslizan en voz baja en la visualidad abierta de los *vernissages*. Este zumbido es a menudo noble (cuando salen de la boca teorías fantásticas e innovadoras allí mismo, en bruto), y otras veces es bajo (chismes que producen estereotipos, chismes vulgares y amargos). Es innegable que la conversación mundana dinamiza el ambiente del arte, donde la moral no tiene cabida y el imperativo ético emerge como garantía de estructuración de los lenguajes, posturas y actitudes de los artistas. Es fácil imaginarse a Picasso y Braque comentando sobre el cubismo, o a Marcel Duchamp y Man Ray divirtiéndose con sus proyectos, entre jugadas de ajedrez. Es más difícil creer que aquí y ahora, en América Latina, en cualquier capital brasileña, podamos estar diciendo algo significativo a nuestro interlocutor de vernissage, mientras el vino blanco espera en la copa. Los grandes negocios se definen entre bastidores; el medio del arte hoy es extremadamente competitivo –cada uno buscando un lugar a la sombra del violento sol tropical, olvidando que el arte avanza, incluso, en esa charla que parece aburrida pero es filosa y desafía a las cosas a quedarse como están.

Un debate, texto, entrevista o conferencia es una forma de tejer públicamente consideraciones del tipo expuesto anteriormente, produciendo discursos a partir de experiencias dentro del campo del arte y sus fronteras. Estas formas de acción también tienen sus rituales, pero la condición de ocupar una esfera pública dimensiona las acciones y los efectos a un nivel de accesibilidad y juego político: marcar posiciones, abrir interrogantes, plantear controversias, etc.: movimientos importantes en la construcción de la imagen del artista, su dimensión pública y su figuración en la cultura. Si bien el lugar del artista es eminentemente problematizador, una forma de ejercerlo pasa por intervenir en estos espacios públicos de discusión. Si todo el mundo conoce el famoso rostro de la popular cantante y actriz de la telenovela de las ocho, el importante artista contemporáneo circula anónimo por las calles de la ciudad: la visibilidad de sus propuestas tiene el precio de la invisibilidad corporal (hay quienes hacen de la construcción de alguna corporeidad pública su propia obra). La fuerza de su acción nos rodea pero, paradójicamente, no la vemos: esto es arte contemporáneo. ¡Abran los ojos!

07

Gestos locales, efectos globales

Como su nombre lo indica, el grupo MAGNET[10] pretende ejercer una modalidad de práctica colectiva para hacer que las cosas se muevan y cambien. Es decir, instalando un campo de atracción y repulsión, un núcleo magnético que concentra y produce fuerzas que son invisibles, pero que sólo se hacen visibles a través de sus efectos sobre las cosas, estructuras y personas (seres vivos). Ciertamente, MAGNET se ve y se siente diferente a través de cada uno de sus integrantes, quienes se unieron (me imagino) a través de un juego de coincidencias simultáneas y elecciones cuidadosas. El grupo está integrado por agentes en busca de diversos tipos de conexiones con el mundo del arte, revelando ricos y disímiles patrones de comercialización en relación con el circuito, ya sea centrípeto o centrífugo. Pero ahora que por fin somos un grupo de trabajo, el partido ya ha comenzado y seremos desplazados en el espacio y el tiempo por el impacto de las acciones que compartiremos. Es por eso que MAGNET me parece un tipo de agrupamiento extraño y (quizás) mutante (y por lo tanto fascinante): cada uno de los participantes lleva sus propias experiencias y referencias, sus registros de disputas en contra o a favor de los compromisos y responsabilidades locales (¿Es "local" simplemente el

---

10 Grupo de trabajo internacional formado en febrero de 2001 por iniciativa del Instituto Internacional de Artes Visuales (inIVA, Londres), integrado por artistas y curadores de diferentes países. El objetivo de este colectivo es discutir las prácticas artísticas contemporáneas desde la perspectiva de la globalización. Participantes: Clifford Charles (Sudáfrica), Gary Stewart (Inglaterra). Gilane Tawadros (Inglaterra), Guillermo Santamarina (México), Hou Hanru (China), Michelle Marxuach (Puerto Rico), Ricardo Basbaum (Brasil), Steve Ouditt (Trinidad Tobago) y Suman Gopinath (India).

lugar en el que estamos ahora? ¿Existe un lugar al que "pertenecemos"?), sin embargo, ¿qué tipo de fantasía asociamos con la experiencia "global", como una realidad aún por construir, inventar, evaluar, habitar? Como grupo, MAGNET no tiene más remedio que ocupar un espacio experimental; por lo tanto, MAGNET necesita desarrollar nuevas formaciones de los sentidos (para aumentar la percepción) y repertorios instrumentales (para desarmar trampas, crear refugios).

Es casi un consenso (así como una moda pasajera) entre quienes trabajan en el arte hoy en día, que muchos aspectos de su juego se han disputado en un teatro de operaciones global. Obviamente, es posible percibir que muchas otras épocas y culturas también tuvieron, a su manera, un abanico de perspectivas, que trascendían los entornos estrictamente locales –siendo la noción de "global", por lo tanto, sujeta a innumerables cambios a lo largo del tiempo. Quizás podríamos pensar en la palabra "cósmico" como mucho más ambiciosa que "global", enfatizando esta última un tono realista y pragmático, implicando la primera una mezcla espiritual con las cosas y los seres vivos. De hecho, si desde el siglo XVI el mundo occidental se ha hecho más extenso con la inclusión de las Américas, y desde el siglo XX se está desmantelando el eurocentrismo con la inclusión de las perspectivas de pensamiento de diferentes culturas de los cinco continentes, ahora, en un principio de un nuevo milenio, el mundo parece moverse hacia cada uno de nosotros representado por la imagen de una superficie que poco a poco se encoge –una consecuencia de los espacios comerciales y de telecomunicaciones que potencialmente interconectan a todos los países ya estructurados en una red (es decir, mucho menos de la mitad del mundo). Podemos ver esta imagen como un constructo tecnológico diseñado para instalarse en la imaginación, una marca lo suficientemente poderosa como para seducir a una audiencia en busca de lo nuevo. No es difícil suponer que este nuevo campo de lo global haya emergido como resultado del desarrollo tecnológico y comunicacional logrado desde la década de 1950, implicando nuevas prácticas perceptivas que transformaron las nociones actuales de tiempo, espacio y experiencia, generando una nueva textura sensorial. Si este espacio potencial está siendo colonizado por grandes corporaciones económicas que operan en un mercado global, esto no significa que este espacio les "pertenezca": de hecho, estas empresas simplemente se expanden lo más rápido que pueden (el truismo "tiempo es dinero" nunca fue tan cierto como lo es hoy), en la medida en que temen perder la competencia por nuevas zonas comerciales. Pero es necesario traer al primer plano diferentes estrategias de colonización de lo global que pertenecen al espectro de las prácticas culturales y artísticas, mostrando que, de hecho, están ocurriendo diferentes estrategias de fijación en las regiones del global.

Para evitar un fácil malentendido, no es correcto considerar lo global como un "espacio" o "territorio", ya que no tiene concreción física: considerar que Londres o Nueva York son más "globales" que Río de Janeiro o Bombay es malinterpretar el concepto de global, colaborando al mismo tiempo para que sea un elemento más cercano a los grandes centros financieros (es decir, para que sea un elemento fácilmente manipulable). Parece mucho más interesante tomar lo global como un "campo", una región habitada por patrones de relaciones en los que las representaciones simbólicas pueden redibujarse y reordenarse. No estamos lejos de un campo de batalla, hacia el cual los grupos deben dirigir sus estrategias (no creo que aquí haya espacios para individuos aislados, en el sentido tradicional: la subjetividad también necesita ser replanteada) y en relación al cual deben estar atentos. Veo que MAGNET debe conducir la actuación "experta" de sus artistas en ejercicio, curadores, trabajadores y pensadores del arte para desmantelar cuidadosamente ciertas estructuras del campo global con el objetivo de rearticular ciertas herramientas operativas válidas, como una forma de construir intervenciones locales (acordate: lo local puede ser en cualquier lugar). Así, concebimos lo global como un campo de relaciones en el que actualmente se desarrolla una batalla simbólica: el significado y la representación se negocian cada segundo, y el arte tiene un papel que jugar en este escenario –de *sensorializar* y conceptualizar simultáneamente–, estableciendo las condiciones para un campo experimental. Lo global, como marca, se dirige directamente a la mente; pero, como un campo, se vuelve hacia el exterior, formando una especie de pensamiento colectivo que conecta los cuerpos esparcidos físicamente por el planeta.

Trampa o espejismo: el que no se da cuenta puede abrir fácilmente la puerta y entrar, aunque dentro no hay un espacio real (¡no hay interior!), allí no se produce ninguna acción, no habrá rastro de movimiento. La condición global es de pura atracción, pero no produce más que efectos. Repetimos: no se trata de un lugar a alcanzar, sino de una condición operativa a lograr, si queremos intervenir en un determinado escenario mundial. Esta es un área para ser ocupada con una serie de herramientas aún en desarrollo: *sensorializar* lo global equivale a problematizar el campo actual de la sensorialidad, discutir las políticas de la percepción, recoger los efectos desviados según patrones de reordenamiento de las representaciones (o lo que llamaríamos su crítica).

No tiene sentido trabajar en relación con lo global de acuerdo con una estrategia unidireccional: siendo este un espacio simbólico y lingüístico, todos los gestos que alcanzan su estructura pero no tienen conexiones con su exterior solo desperdician energía en bucles cíclicos y autodestructivos. Por eso insisto en escribir un guion que ubique un lugar específico para las acciones dentro de un contexto local: la conexión local-global es la combinación productiva en la medida en que articula dos campos diferentes y complementarios que pueden producir efectos entre sí. Operar localmente pero con la vista puesta en el escenario global es la fórmula que ha demostrado ser valiosa (las grandes empresas lo saben muy bien) al permitir actuar sobre las circunstancias locales bajo la apariencia de un significante móvil, un comodín político que trae juegos impredecibles a la arena social. La tarea sería desplazar este plan hacia las formas de acción características (y singulares) de los campos culturales y artísticos (cuestionando lo que particulariza o no a estas áreas), como una forma de entablar un tipo particular de debate, en el cual parece ser importante problematizar experiencias y discursos sensoriales, perceptivos y cognitivos. MAGNET es un instrumento errante que busca involucrarse en este combate.

Bajo estas circunstancias, los artistas brasileños han estado buscando activamente, de diferentes maneras, diversas actitudes de participación frente a la apelación de una dinámica global. Hélio Oiticica, por ejemplo, vivió en Nueva York durante siete años (1971-77), pero se negó a establecer vínculos más fuertes con el circuito de arte local o el mercado, prefiriendo cultivar una conversación permanente con sus amigos en Río de Janeiro, Londres o París. Puede decirse que en ese momento la cultura brasileña era para él una referencia desplazada, casi mítica, presente como subtexto en la mayoría de sus escritos de la época: la negativa a jugar el juego convencional del arte neoyorquino se mantenía a través de su esfuerzo consciente por conectar su obra con ciertos referentes particulares de la escena internacional (John Cage, Yoko Ono, The Rolling Stones) sin, aún así, abandonar las huellas de lo que había inventado en Brasil –que el mundo descubriría recién veinte años más tarde, diez años después de su muerte. Es posible ver esta actitud como una resistencia activa contra una "internacionalización natural" de su trabajo: si ha de haber una arena internacional, debe tener en cuenta una forma diferente de pensar, otra actitud sensorial, una política menos moralista del cuerpo y la sexualidad, etc. Un escenario completamente diferente se construyó en la década de 1980, cuando el circuito de arte brasileño (como otros circuitos de arte alrededor del mundo) se benefició del fácil flujo de dinero vivo de la era conservadora de Reagan-Thatcher e implementó un ambiente de galerías que iniciaron una conexión internacional eficiente con el mercado dominante del arte. Es posible decir que estas conexiones ya se consolidaron en la década de 1990, cuando algunas galerías lograron gestionar su participación regular en ferias y eventos de arte, vendiendo obras a coleccionistas y museos internacionales. Se puede ver que el arte brasileño de alguna manera entró en el teatro mundial del arte por la puerta principal, adoptando estándares de trabajo que han dado credibilidad a toda una gama de profesionales del arte, desde artistas hasta curadores, críticos de arte y editores, galeristas y coleccionistas, etc.: el reordenamiento interno completo así producido no puede medirse fácilmente, pero no cabe duda de que se produjo una decisiva actualización del circuito, en parte como consecuencia de los nuevos e influyentes acuerdos de mercado obtenidos, en parte como consecuencia de una actitud más certera hacia los lenguajes del arte y sus mediaciones. Las preguntas más obvias y casi ingenuas que deben ser formuladas en este proceso de mercantilización son: teniendo en cuenta el arte y la historia del arte brasileño y su representación social, ¿el arte exportado por el nuevo mercado del arte brasileño será representativo de qué tipo de debates? Debido a las fuertes desigualdades económicas que estructuran la economía brasileña y al terrible y desastroso índice interno de distribución del ingreso, ¿el mercado del arte brasileño refleja estas mismas características, al no distribuir el capital simbólico que produce?

¿Cómo es posible hoy hablar de un "arte brasileño", en la medida en que su movilidad está determinada principalmente por el flujo de capital y no por las cuestiones planteadas por la producción misma, mantenida en una posición secundaria? Dada la novedad que trajo su presencia en un contexto global del arte, ¿cuál fue el impacto de esa condición en el circuito del arte brasileño a fines del siglo XX?

El tejido local del arte y la cultura brasileña es mucho más complejo que esto, revelando varios esfuerzos de involucramiento dentro de la escena contemporánea que abordan el contexto de una manera más crítica, es decir, evitando aceptar sus contornos actuales como naturales, fijos y estables. El fuerte contraste entre la configuración de un circuito del arte que ya construyó su acceso al teatro mundial del arte y su realidad interna de grandes dificultades económicas retrata una situación en la que los principales elementos que se destacan están básicamente orientados hacia el mercado, dejando casi ningún espacio para posiciones que tengan en cuenta aspectos del debate crítico y cultural o estrategias de resistencia a este mercado. Sin embargo, algunos artistas han asumido la necesidad de organizarse y capacitarse para poder jugar un papel más decisivo en términos de una política de las artes. Gracias (pero no exclusivamente) a las iniciativas de los artistas, los últimos diez años han revelado un intenso flujo de información y experiencias entre diferentes partes del país, en las que los grupos han asumido las tareas y deberes estratégicos de la autoorganización. Muchas de estas iniciativas son efímeras, pero demuestran una conciencia distinta –atenta a la importancia de los procesos de mediación en la construcción de lenguajes artísticos– en relación al circuito del arte. Una revista como *item* (publicada en Río de Janeiro), grupos como *Visorama* (Río de Janeiro), *Arte Construtora* (San Pablo/ Porto Alegre), *Torreão* (Porto Alegre), *Alpendre* (Fortaleza), *Agora/Capacete* (Río de Janeiro), *Camelo* (Recife), *Linha Imaginária* (San Pablo) y *Atrocidades Maravilhosas* (Río de Janeiro) –entre otros– se han mostrado activos en la tarea de inventar nuevos caminos para el tránsito de la obra de arte y sus conceptos: tales esfuerzos han demostrado su eficacia en la producción de cambios. Ciertamente, nada de esto sería posible sin los célebres encuentros (¿colisiones?) que el mercado local ha establecido con el escenario internacional desde mediados de la década de 1980: la entrada en el teatro global (típico del nuevo orden económico emergente a fines del siglo XX) produjo en el escenario del arte brasileño una fuerte conciencia de cuáles eran las condiciones locales reales cuando se contrastaban con las promesas de una dinámica global y sus recompensas.

Trabajar bajo circunstancias locales pero estableciendo relaciones dentro de una red global: este es quizás el primer paso estratégico que aprenden los grupos independientes de artistas, como una forma de desvincularse de las conexiones locales, asegurando la movilidad política necesaria para producir cambios en el entorno en que actúan. MAG-NET puede ser efectivo en este punto: constituir un campo en el que los problemas alrededor de lo local/global sean constantemente creados y deconstruidos, ayudando a establecer un conjunto de instrumentos para intervenir en una estructura global –contaminando con virus y memes inesperados las áreas de soporte lingüístico, simbólico y lógico que la informan y la constituyen. Me imagino lo útil que puede ser MAGNET como una estructura conectada a ciertos puntos estratégicos de producción y discusión de arte, alrededor de diferentes circuitos locales, a través de personas que trabajan como agentes activos involucrados dentro de las demandas concretas del arte y la cultura.

MAGNET es de ahora en adelante un organismo vivo compuesto por las partes de diez personas diferentes; nadie sabe adónde va ni cómo se comportará, ni siquiera en qué dirección nos llevará. Como cuerpo colectivo, es mucho más grande que cada uno de sus miembros y por lo tanto cada uno de nosotros debe escuchar lo que nos dice para intentar experimentar lo que nos puede aportar en términos de una percepción diferente del mundo, de nuevas interfaces sensoriales que establece con las cosas. MAGNET ya se concibió como un dispositivo conectado con nuestros cuerpos y mentes: una cosa en la que debemos pensar es por qué, en este momento en particular, se ha reunido a un grupo de personas para trabajar en algo que no se puede delinear exactamente lo que será –MAGNET se ubica dentro del ámbito de gestos potenciales. ¿Cuántos proyectos ya han sido concebidos como una estrategia abierta y cuyos objetivos se sienten como pistas liminales que atraen a los participantes tanto al centro de los eventos como a sus bordes? La misma palabra 'arte' está bajo ataque aquí, y la propuesta de MAGNET no sucederá si no evitamos (cuidadosamente) un amplio conjunto de certezas que usamos cuando nos referimos a ella. Sí, es un juego interesante: atracción vs. repulsión. Si evitamos fijarnos en una posición u otra, podemos abordar la economía entre ambas fuerzas como la dinámica que nos llevará a algún lado.

· ·

MAGNET – manifesto[11]

MAGNET es un grupo de artistas y curadores de diferentes partes del mundo.

NOSOTROS queremos producir un campo de intercambio a nivel global, donde las diferencias locales puedan ser discutidas, confrontadas y problematizadas.

LOCAL es, para nosotros, una palabra con múltiples significados, que cambia de un lugar a otro, de un contexto a otro.

GLOBAL es, para nosotros, una condición contemporánea compleja, que involucra aspectos sociales, económicos y políticos. NOSOTROS no tememos asumirlo como un espacio ameno para el desarrollo de contactos y la implementación de redes.

MAGNET actúa entre el desarrollo de los lenguajes artísticos y sus mediaciones, moviéndose a través de esa gruesa membrana que impregna de colorido político la dinámica entre el arte y la vida: MAGNET actúa en la (micro) política del arte (en un sentido amplio).

11 Texto firmado por el grupo MAGNET y publicado en *Magnet #1 - non-place*, Londres, inIVA, 2001.

NOSOTROS no somos representantes de nuestros países, sino agentes que actúan como puntos nodales de varias redes, conectando contextos locales y globales. Creemos que MAGNET puede desempeñar un papel transformador dentro del circuito del arte –incluidas las extensiones.

MAGNET como grupo es una entidad orgánica que va más allá de sus miembros individuales, una forma de vida en sí misma, con un comportamiento no lineal e impredecible. (Preguntamos: ¿adónde nos llevará MAGNET?)

MAGNET producirá una revista y un sitio web como pasos iniciales hacia el establecimiento de herramientas regulares para apoyar la continuación de esta discusión: "¿Cómo el fenómeno de la globalización está cambiando la naturaleza de la acción artística y sus mediaciones?" Queremos jugar un papel activo en este proceso.

MAGNET es Clifford Charles, Gary Stewart, Gilane Tawadros, Guillermo Santamarina, Hou Hanru, Michelle Marxuach, Ricardo Basbaum, Steve Ouditt y Suman Gopinath.

El artista como curador

El tema de este texto es, en efecto, un tema pertinente a la presente edición de Panorama: el tránsito del artista por funciones que van más allá de su condición de simple productor de obras de arte. Retroceder en el tiempo puede parecer demasiado, pero la condición de artista ha sido extremadamente fluida, desde el abandono de la artesanía y el virtuosismo como condiciones *a priori* para la producción de la obra (todavía encontramos en Mário de Andrade una muy fuerte insistencia en este punto) y su inserción en un orden económico de mercado (siempre marcado por contradicciones y conflictos) –transformaciones que se remontan al inicio de la era moderna– hasta las discusiones sobre la muerte del sujeto (del autor, del artista…) durante la euforia estructuralista, llegando al conceptualismo y a diversos experimentalismos con su doble insistencia en la especificidad y la desaparición. Durante muchas décadas, los contornos de lo que puede ser o no una obra de arte se han disuelto por completo, rasgo que se intensificó en el período posterior a 1945 con la positivización de la furia negativa e irónica de las vanguardias históricas. Pronto se advierte que ser (o no) artista no es algo que se pueda exigir límites rígidos o absolutos, revelándose más como un tránsito, un cierto desplazamiento a través de las cosas en conjunto con la producción de un determinado espacio de problemas (el lugar de lo "poético", que Bataille asocia con el "mal"[12]), una formulación específica de cuestiones en las que están involucrados objetos, situaciones, eventos y una cierta configura-

12 Véase Georges Bataille. "Baudelaire". *A literatura e o mal*, L&PM. Porto Alegre, 1989 [*La Literatura y el Mal*. Taurus. Madrid, 1971].

ción de lo sensible: este individuo (o colectivo, por supuesto) se inserta (es insertado: se trata de una atribución que implica necesariamente la alteridad) en una red de dinámicas y en un contorno de espacialidad en el que se mueve, desencadenando toda una economía de este conjunto de operaciones. De esta manera, los límites que juegan con la determinación y la identidad del artista ya no se configuran como un simple problema de traspasar fronteras (entrar y salir), sino como delineadores de una figura de espacialidad que termina llevada a experimentar esos traspasos desde el punto de vista de una posible singularidad de inserción: escapar de las determinaciones de un campo o incluso amplificar su actuación a partir de una mezcla deliberada de líneas de identidad marcan también, a su manera, el territorio del artista y sus realizaciones –un clarísimo rasgo en algunas de las trayectorias más importantes del arte del siglo XX, en sus superposiciones entre arte y ciencia, literatura, filosofía, pedagogía, etc. Sería interesante comentar algunas impresiones de tales estrategias de superposición a partir de la experiencia de la invención y producción de exposiciones –el campo de acciones identificado como "curaduría".

No se trata de "ser artista todo el tiempo", aunque André Breton nos ha recordado que el artista trabaja también durmiendo, pero considerando un determinado orden de circunstancias en medio de la realización de variadas funciones, prestando atención a un determinado conjunto de temas: ciertamente el artista guarda como un tesoro su proximidad con la obra, mostrando ostensiblemente un perfil cómplice a las maniobras de producción. No hay como eliminar la mezcla con el trabajo que lo singulariza, con la que establece un compromiso y desde la cual aparece sintomáticamente contaminado, arrastrando o buscando afinidades y resonancias de ese contagio: como elemento antípoda, hay un anhelo permanente de alteridad que a la vez despierta y desmoviliza el proceso de contaminación, desvelando una dimensión de relatividad permanente y de fragmentación de todo gesto y resultado. Como si, para el artista, existiera una exigencia constante de establecimiento de un centro, desde el cual todo gravite de manera centrípeta y centrífuga: darse cuenta de la relatividad de la propia posición central es algo muy costoso para cualquier poética y todo artista se rodea de varios cuidados rituales en este desplazamiento. Si hoy este gesto aparece como una herramienta importante –saber percibir y habitar el espacio de mediaciones en el que se construyen las nociones del "yo" y del "otro"–, es ciertamente síntoma de una época en la que la fugacidad de las regiones centrales es claramente evidente, su condición efímera y de continuo desplazamiento. Esta movimentación para fuera de sí mismo sigue siendo una condición del ejercicio del propio gesto poético, que escapa al bucle narcisista y busca acomodo en el cuerpo del otro –espectador, público, auditorio…– pero que también se encuentra en el elenco de prácticas de aquellos artistas que se inscriben en la tradición de la hibridación con las poéticas de los otros, en las que buscan las singularidades de la alteridad tal como se manifiestan a través de su propio juego corporal: el ejercicio de actividades –institucionalizadas en mayor o menor medida– de diálogo informal y producción crítica, por ejemplo, o de agenciamiento de trabajos y curaduría. Tales artistas se colocan de algún modo como intermediarios a partir de los cuales se van constituyendo discursiva o espacialmente múltiples alteridades –pero lo decisivo acaba siendo la (feliz) imposibilidad de anulación de la poética misma, cuya presencia produce el sabor característico de esta expresividad híbrida y múltiple: hablar del otro siempre a través de uno mismo es hablar de uno mismo a través del otro. De ahí que no sea una mera coincidencia o un "accidente lírico" que muchos de los principales críticos de arte sean poetas, escritores, inventores del lenguaje: es en la inevitable acción de hacer explícita su condición de proximidad a la palabra donde se desarrollan las maniobras y operaciones verdaderamente inter-sígnicas, donde se manejan volúmenes de sentidos y capas de juicios –espacios que incorporan *transcreaciones* imagen/palabra en los que el que escribe *transaparece* también como fábrica de maquinaciones poéticas.

Si el lugar del agenciamiento crítico ha sido explicado como región de invención del lenguaje –espacio en el que la discusión crítica se aproxima a su dimensión poética, bajo el efecto de la "poética enredada"–, ¿qué sucede en el caso del posible "juego curatorial", cuando la acción del agenciamiento se dirige específicamente a la construcción de exposiciones? En la perspectiva desarrollada hasta aquí, el artista como curador se sitúa inicialmente desde una no aniquilación –casi una afirmación, quizás– de los parámetros de su propio hacer. Sin embargo, la perspectiva allí puesta se aleja de un simple agenciamiento discursivo, para incorporar la dimensión de la realización de un evento: el número de variables involucradas aumenta enormemente (pero un evento puede tener cualquier dimensión, micro o macro), ya que hay en este caso, la experiencia directa de la confrontación con las obras, en cualquiera de sus formas. En este tipo de trabajo, generalmente hay una mayor presencia del aparato institucional, debido a las condiciones obligatorias de producción y organización del evento, lo que hace inevitable una confrontación burocrática con cuestiones organizativas y financieras: puede ser tentador alejarse de las especificidades del lenguaje típico de este sector, pero no hay manera de eliminar ellos, ya que realmente significan cuidar las dimensiones de viabilidad de la exposición en sus múltiples compromisos y en su juego económico. Si bien la lógica de la producción de arte contemporáneo asume desde hace tiempo una relación esclarecida en cuanto a su inserción en el flujo de capitales, se trata de un tema en el que siempre se encontrará un hilo de tensión absolutamente insoluble, en el choque entre los diferentes usos del tiempo y en la gestión de resultados. Quizás las claves de este antagonismo puedan ser indicadas a través de las figuras del "público" y el "espectador": mientras que el primero se define característicamente a través de números ("¿cuántos visitantes?") o estadísticas de clasificación ("¿de qué grupo de etario, edad o clase social?"), el segundo revelaría un personaje singular en contacto directo con la obra, envuelto en un proceso de fruición sensorial. Idealmente, una exposición o evento exitoso sería aquel en el que el individuo entra como "público" y sale como "espectador", transformado por la experiencia, tocado por –y tocando– la obra de arte. En el equilibrio de estas dos posiciones extremas estarían envueltos cuestionamientos sobre la funcionalidad del arte y su búsqueda de resultados "en tiempo real": mientras el contador revisa el saldo para ganar las cuentas en busca del saldo positivo o creciente, ansioso de transmitirlo al patrocinador, el poeta contaría la conquista de interrogantes cuya conclusión queda abierta, problemas en el sentido de una proximidad con los flujos de la vida y la existencia, rastros de sensorialidad y percepción en actualización a través de la experiencia del aquí y ahora. Si bien ninguna dicotomía se expresa de manera tan lineal en el mundo real, estos dos polos establecen demandas clave del evento, cada uno ejerciendo su magnetismo y posicionando a los personajes durante el proceso, indicando el perfil de la realización a través del énfasis en tal o cual dirección (que quede claro: no son sólo dos, sino la combinatoria de las posibilidades que intervienen en las líneas de fuga del binarismo simplificador, llegando siempre a condiciones reales complejas).

Es interesante notar, en este sentido, el gesto del artista David Medalla al concebir la Bienal de Londres 2000, autodenominándose su "presidente y fundador": el proyecto consistía en la construcción de un evento "totalmente generado por artistas",[13] que utilizando el marco de una "bienal" imprimiría un funcionamiento completamente diverso al esperado en una situación de estas características, para desarrollar un modelo más orgánico y menos burocratizado y jerarquizado. Por supuesto, este es realmente un comentario crítico sobre el gigantismo de cierto tipo de evento de arte contemporáneo, pero aún existe la voluntad de construir una intervención en este debate, haciendo factible otra forma de acción. Si los lenguajes del arte ya incorporan en sus poéticas una inteligencia del circuito –estrategias, mediaciones, construcción de imagen, maniobras políticas, etc.–, la Bienal de Londres 2000 construye su presencia a partir del uso de esta posibilidad: al desplazar sus habituales procedimientos poéticos ("funcionalizándolos" de otro modo) a la administración de un hecho artístico colectivo –en el tránsito de las atribuciones de artista a las de "presidente y fundador" (¿curador?)–, Medalla contamina el lenguaje del dirigente institucional con la misma dimensión erótica y seductora que imprime a sus obras; pero aquí se desliza hacia el otro de una manera diferente, solicitándolo no como espectador sino reconociendo en él la competencia para el desarrollo de sofisticados juegos de lenguaje y legitimándolo como parte del tejido del arte contemporáneo. El interés que suscitó el evento inventado por Medalla proviene del éxito de esta operación de superposición de roles y redirección poética, que reposicionó

13 El párrafo inicial de la carta de invitación escrita por David Medalla para la Bienal de Londres 2000 decía: "La Bienal de Londres será realizada en su totalidad por artistas. Estará abierto a cualquier artista de cualquier parte del mundo. No habrá restricciones de edad, sexo (género), nacionalidad o raza. Un artista puede participar en la bienal simplemente enviándome tres copias, a mi dirección en Bracknell, de una fotografía (aproximadamente del tamaño de una tarjeta postal) de sí mismo(a) (o de una persona cercana) portando una flecha (de cualquier tamaño o material) inscrita con las palabras 'BIENAL DE LONDRES 2000' y su propio nombre (la fotografía debe ser tomada frente a la estatua de Eros en Piccadilly Circus, Londres). No hay cuota de inscripción". Texto completo disponible en <http://www.londonbiennale.org>.

un evento de dimensión colectiva en un formato ágil y abierto y agregó otra capa de significado a su propio trabajo.

En el ámbito de esta exposición –Panorama 2001– la pregunta se presenta con algunos matices propios, y es evidente que incluso formaba parte de su proyecto de construcción: es innegable la atención prestada a esta situación de cruce de roles, desde la presencia entre los curadores de alguien que no lleva a cabo la actividad a tiempo completo y tiene una trayectoria de intervención en el circuito como artista, hasta la invitación a participar en la exhibición de una serie de nombres cuyo camino está marcado por este tipo de tránsitos. También el interés por los proyectos colectivos de artistas –donde la posición de artista-agente queda absolutamente explícita– revela las pistas de una investigación en curso en torno al lugar del artista y sus atribuciones, límites y líneas de fuga. Al observar de cerca las organizaciones coordinadas por artistas, un aspecto que salta a la vista de inmediato es el incumplimiento, por parte de la mayoría de sus integrantes, del modelo de "carrera" artística –el llamado modelo "exitoso", indicando cómo ser el "artista de éxito" (no se trata de una imposición sino de un modelo que se percibe a sí mismo como hegemónico, sujeto también a cambios y transiciones), parece no admitir lugar (sólo a costa de mucha insistencia y persistencia) para estos caminos que inventan y acumulan otros recorridos frente al circuito; tal vez esta comparación pueda ser más productiva si miramos estas diferencias en términos de modelos de espacialidad, en los que se percibe la posición de tal o cual rol en sus espacios de movimiento, desplazamiento y mapeo. La mecánica del circuito no es inocente ni natural, por supuesto, y, más que eso, es francamente evidente –no hay nada nuevo en esta enunciado– en su premiación inmediata otorgada a través del estímulo a los formatos de "carrera" que consagran a corto plazo el artista individual productor de objetos de comercialización no-problemática: este es un hecho que pertenece a una especie de lógica estructural del *sociocapital* y que incluso permea varias capas de lo real, tanto estructuras como cuerpos. Una vez más, huyendo de cualquier esquematismo, una mirada más curiosa debe sacar a la luz trayectorias que trazan varias otras espacialidades, en las que el artista emerge en posiciones de variada hibridación poética y construye inserciones de identidad en la deriva –en sus líneas de fuga– de *carrerismos* ligeros y automatizados: este es ciertamente el caso de la ruta propuesta por estos artistas-agentes que se organizan en polos de proposición y fomentación de actividades de arte contemporáneo (Alpendre, Grupo Camelo, Agora/Capacete, Torreão, Linha imaginária, por ejemplo). Además de la disponibilidad para reflexionar sobre sus elecciones poéticas y lingüísticas en una matriz que contempla la acogida y recepción del otro –la acción crítica que comentábamos inicialmente– estos artistas aún tienen que gestionar la dimensión política de sus desplazamientos y actitudes, conscientes de cómo su acción como agentes incide en la red de contactos que constituyen el circuito del arte –puertas que se abren y cierran a partir de este juego (otro por realizar…), que influye directamente en la recepción de su propia producción (que, al fin y al cabo, es uno de los elementos básicos para legitimar su "estar" dentro del circuito).

Quizás un primer balance que se pueda hacer de la presencia de diferentes estrategias coordinadas por artistas en el momento actual del arte brasileño, así como de la actuación, conciencia y consistencia de diferentes y variados artistas que negocian su presencia en el circuito desde una caracterización mucho menos estrecha de sus roles como "productores de arte", debe pasar por la percepción de que está en marcha otro arreglo poético de la cultura –un período de invención de estructuras de pertenencia y narrativas legitimadoras: hay un deseo de escribir (o re-escribir) inscripciones, desplazar determinados alojamientos a un ordenamiento más dinámico y productivo, mover y reinventar mecanismos y circulaciones. Cuando lo poético se acerca a este modo del juego institucional (del que no debe apartarse realmente), forzando su presencia junto a las exigencias más formales y densas de la economía, la burocracia y la jerarquía política y social, es síntoma y señal de que alguna agudeza de preparación y delicadeza de pensamiento están siendo reivindicadas como herramientas necesarias, menos idealizadas y más cercanas a las luchas cotidianas. No es casual que maniobras antagónicas de gran envergadura –siempre bajo el aura de alguna grandeza desmesurada o truculencia en la conducción del proceso– están en marcha en la actualidad como estrategias vinculadas a la construcción de una realidad posible del arte brasileño de exportación: tal antagonismo entre "presencia insinuante de lo poético" x "grandeza brutalista del juego económico-institucional" sólo confirma la importancia del síntoma y señala cómo el primer término de la dicotomía se vuelve significativo y decisivo en el contexto actual. Un momento así también suma importancia por señalar movilidad y potencialidad de transformación, pero no como un juego utópico, sino como resultado de una dinámica inmediata, en un proceso de ebullición y consecución de la eficiencia, a su modo. Hay una expresión de carácter modernista que, sin embargo, guarda importante actualidad: "cada victoria del artista es una derrota para la sociedad" –no se trata aquí de un enfrentamiento (ahora ingenuo) entre la aristocracia cultural y un público burgués banalizado, pero sí una función de lo poético que no debe perderse de vista, portando un horizonte de resultados que no se contabilizan en cifras, sino en intensidad perceptiva, desnaturalización y cuestionamiento. Siempre es interesante cuando se percibe el arte dotado de un tejido poético-institucional que incorpora en su práctica dimensiones no discursivas del lenguaje; tales situaciones no son frecuentes, por lo que cuando ocurren, merecen atención y una mirada cuidadosa.

09 Mezcla + Confrontación

Mezcla. Situación en la que los objetos establecen una relación de acoplamiento y contaminación recíproca, dando como resultado una pérdida de nitidez en los contornos que los separan unos de otros. Esta disolución de fronteras produce un estado de hibridación en el que las unidades 'posibles' son puestas en transitoriedad, emergiendo como nuevos objetos inestables en un espacio de problemas compartidos por todos.

Confrontación. Situación de inversión en la alteridad en que se apuesta en la diferencia como valor. Hay un escape de las políticas del consenso y una consecuente politización de la percepción en el sentido de producir una diversidad sensorial. Frente a la tiranía de la intimidad, se afirma la amistad y otras formas transversales de agrupamiento en su dimensión política, como escape a los efectos homogeneizadores de las prácticas institucionales.

Los dos conceptos transcritos anteriormente guiaron el diseño y desarrollo de esta exposición (no necesariamente en este orden). Sí, fueron escritos en las últimas semanas, terminados justo antes de la inauguración de la muestra. Había mucha prisa y mucho nerviosismo junto al equipo de producción (¿por qué siempre hay nerviosismo y ansiedad en los equipos de producción?). En este caso, la secuencia cronológica, el orden de los hechos temporales, tiene poca importancia: si los conceptos fueron plasmados en el papel al calor de los últimos minutos, puedo decir que hacía muchos meses que rondaban en mi oídos, habitaban mi corazón (es decir, circulando bajo el aspecto proteico por el plasma sanguíneo). El orden de los factores no es lo más importante en un proceso de creación. Si la planificación de esta exposición (I) comenzó con una reflexión sobre algunos aspectos poscoloniales que podrían informar algo sobre la dinámica de los circuitos de arte contemporáneo (brasileño y portugués); (II) se desarrolló bajo un silencio espantoso durante largos meses; y (III) finalmente se concretó en torno a dos proposiciones simples –bueno, se trata de administrar y controlar una economía de fuerzas que, aun cuando sueltas (pues su región preferida es la de lo imponderable, que afortunadamente insiste en insinuarse) y aparentemente salvajes siguen quejándose y reclamando atención, siguen buscando cuerpos para inscribirse y producir acontecimientos.

"¿Cómo se concibe y construye una exposición de arte contemporáneo?" Esta importante cuestión giró a mi lado al inicio de la obra –la primera invitación fue dada alrededor de septiembre de 1999, a través de Paulo Cunha e Silva, en Río de Janeiro– y siguió, siempre, girando hasta su conclusión (es decir, con la exposición montada y la inauguración procesada). Está en juego aquí, por supuesto, el rol del curador-comisario[14]: habiendo estado casi siempre más cerca de las posibilidades de producción de mi propio trabajo, esta vez la experiencia (no inédita, que quede bien claro, habiendo ya incursionado en este campo anteriormente) requirió una ubicación diversa dentro de la trama. Siempre hay una trama, un camino a articular como mecanismo para llegar al resultado esperado (una pregunta: admitiendo francamente la no linealidad del mundo, el "resultado esperado" ya nace como una proposición condenada; de ahí este resultado sólo puede ser impredecible y es necesario asumir esta lógica del accidente; por lo que siempre se espera lo "inesperado", que puede llegar en cualquier momento); y siempre es necesario provocar o abrirse a lo

14 Adopto la doble ortografía del término en este texto, ya que "curador" es de uso corriente en Brasil y "comisario" [*comissário*] en Portugal.

que no hemos pensado, en absoluto, desde el inicio del proyecto. Aquí creo que lo importante es dejar claras algunas referencias iniciales: "sí, me gustaría tener artistas en la exposición que no establezcan una relación demasiado naturalista con el circuito, es decir, que provoquen algún tipo de tensión, han sido atravesados por algún olvido, o incluso han repartido la potencialidad de sus obras en diversas actividades que pueden haber producido, en algún momento, espacios de invisibilidad para sus propuestas". Son impresiones que se hicieron efectivas principalmente junto a artistas brasileños, síntoma evidente y deliberadamente no reprimido de mi clara proximidad a esta producción; mayor, ciertamente, que con aquella, la portuguesa.

La pregunta que me hicieron, casi una docena de veces: "¿tú, cura-comisarías artistas u obras?". La respuesta en la punta de la lengua siempre venía inmediata: "artistas, por supuesto".

El acceso al arte portugués contemporáneo se produjo casi como la reanudación de un contacto inicial que se habría acortado por una serie de circunstancias.[15] Mi visión extranjera del arte portugués reclama este momento como decisivo para su formación –¿Por qué? Quizás por pereza o acomodación; tal vez por autocircunscripción en un corte específico, preciso, en el que me encontré rodeado de potenciales personajes que, en el transcurso de los años siguientes, no harían más que aumentar la importancia de su participación en el escenario local. Destaco este dato de los encuentros –la obra del azar, intrascendente en la mayoría de los aspectos, especialmente biográficos, pero relevante como punto de partida de un camino que resultó útil en el transcurso de los años siguientes, en los que mantuve una (ir)regular correspondencia con Miguel von Hafe Pérez. Quisiera enfatizar: estos datos indican que mi apreciación por el circuito del arte de Portugal está impregnada del sabor de encuentros cuya resonancia aún está presente, cuando es posible disfrutar –como si se mirara un gráfico, un dibujo o un diagrama[16]– las líneas, también en sus caminos, desencuentros, desvíos, refuerzos y superposiciones. Quiero

---

15 En julio de 1994, invitado por André Magalhães, realicé una exposición individual en el CAPC. En esta ocasión me puse en contacto con Miguel Leal, Cristina Mateus, Luís Palma, Paulo Mendes y Miguel von Hafe Pérez.

16 El diagrama de esta ruta se puede dibujar en cualquier momento.

decir: esto ya es un índice de cierta convergencia de los caminos del arte contemporáneo portugués y brasileño en la piel de algunos personajes. Repito: hago relucir las relaciones de amistad no como iluminadoras de intimidades o relaciones interpersonales, sino para acentuar sus aspectos "exteriores", mirando hacia afuera de los cuerpos[17]: construyendo alianzas, acuerdos estratégicos, complicidades, modelos de actuación, etc. Es necesario poner en valor esta dinámica para resguardar la importancia de algo propio del ámbito del arte en su comunidad de personajes (aquí se establece la poética de los pasajes entre el arte y la vida), que también funciona como resistencia a las demandas casi siempre reterritorializadoras de los aparatos institucionales, en los que la lógica del (ahora también bio) capital y la mecánica de las relaciones se vuelven hegemónicas, formateando cuerpos y procesos.

Muchos de los artistas que participan en Mezcla + Confrontación asumen o han asumido, en su posicionamiento en relación al circuito del arte, roles que van más allá del gesto de producción centrado exclusivamente en su propia obra, para situarse como "artistas que escriben", "artistas por encargo de curaduría", "artistas que participan en colectivos o grupos", "artistas archiveros y/o investigadores", "artistas-docentes o actores del aparato universitario". Podríamos escribir "artistas-etc", casi como un paradigma para la problematización: "¿pero dónde está el artista-artista?".[18] Este último carácter (así, como dúplice) sólo está vigente bajo la posibilidad de acuerdos económicos con el mercado del arte, inevitablemente intermediados por las galerías, como si la condición de autonomía económica fuera siempre la exigencia de la venta total de uno mismo (Fausto…). Este lugar bajo el sol vive bajo los riesgos del solipsismo, la autorrepetición, el narcisismo circular, el envejecimiento prematuro, etc. (hábitos liminales que vacían el sentido mismo de la existencia) –sí, no se puede perder de vista que una recepción no problemática del circuito del arte asume como natural la mecánica de comprar y/o vender, aislando al artista de otros procesos para prepararlo como un producto individual identificado por la firma;

<hr>

17 Ver *Por una política de la amistad: Arendt, Derrida, Foucault*, de Francisco Ortega, Río de Janeiro, Relume Dumará, 2000.

18 No estamos aquí bajo la esfera de influencia de Ad Reinhardt ("arte como arte…"), aunque se pueden establecer conexiones.

una identidad clara e inequívoca que responde a la máxima "el cliente siempre tiene la razón". Si bien es inevitable reconocer la imposibilidad de escape de cualquier artista a la tradición y trayectoria de negociación con la lógica hegemónica del circuito (esto es, promoción, difusión y venta), es fundamental cobrar una actitud que invierta en la desnaturalización de estas procesos, que sepa forzarlos al desarrollo de caminos diferentes y que el automatismo de esta lógica (toda lógica tiene lagunas por donde puede pervertirse) se doblega a las exigencias más sensibles de inserción, actitud y trabajo diferenciado. Por supuesto, quien es captado y se desarrolla y desdobla por los caminos y acoplamientos del "artista-etc" invierte muchas veces en la proposición de estas otras actividades como "obras de arte", es decir, busca acentuar las intensidades de tales performances hasta el límite de los tenues pasajes entre arte & no-arte & anti-arte & an-arte[19]; se trata de establecer formas de deslizamiento, para producir contaminaciones recíprocas entre los dos campos (arte & etc): "el texto como obra de arte", "la revista como obra de arte", "la exposición como obra de arte", "la clase como obra de arte", "el archivo como obra de arte", etc. Sí, estos gestos (contrariamente a la creencia popular) producen repercusiones en el circuito del arte, deconstruyendo la imagen-cliché del artista (sea cual sea, cada tiempo-lugar-cultura produce sus propios clichés) y estableciendo otro frente de reacomodo y tensión. Este proyecto de curaduría-comisariado tuvo el propósito de reunir unos "artistas-etc" muy activos, apostando a que de estos enfrentamientos físicos interpersonales pudiera surgir un fomento múltiple. Se sabe que tales artistas emprendedores juegan papeles importantes como agentes concretos de los gestos de producción contemporáneos (estimulando la producción de nuevas obras, publicaciones, exposiciones, documentos, etc.); por lo tanto, la creación de un ambiente para el intercambio de experiencias favorece potencialmente el florecimiento de intercambios (de diferentes tipos, modalidades y especies) según deseos inmediatos o estrategias bien organizadas. Se espera –debido a la gran calidad y determinación de los artistas involucrados– que se hayan proyectado algunos pasajes en esta

19 Regiones fronterizas del campo del arte en sus líneas de fuga, tal como lo establece Allan Kaprow en su famosa serie de ensayos "La educación del no-artista Partes I, II y III", incluida en su colección *Essays on the blurring of art and life*, Berkeley y Los Angeles, University of California Press, 1993.

exposición, pero, se sabe, los efectos aquí son realmente de larga duración y de lenta difusión.

El lugar ocupado en Mezcla + Confrontación por el quehacer curaduría-comisariado estuvo atravesado por una tensión similar: curador-artista, comisario-artista, ¿quién es este personaje? Hay que decir que la indagación se produjo no sólo como una fulguración exteriorizante, tema de conversación en los círculos cercanos, sino también como un drama, una puesta en escena interior. El cruce del problema en este eje adentro-afuera le da a la pregunta un color propio, facilitado por la condición de estar en acción, en medio del trabajo (lo que se suele considerar como "proximidad entre teoría y práctica" puede ser mejor percibido, por ejemplo, "experimentando el discurso en su inscripción corporal"), permanentemente inmerso en el campo de fuerzas que constituye la escena, el combate.

Observación: para el arte brasileño, ese cruce dentro-fuera es un problema que ya tiene cierta tradición, a partir de Lygia Clark ("Linha orgânica", 1956: membranas, fronteras, regiones de contacto que poseen autonomía en sí mismas; "Caminhando", 1964: cinta de Moebius, la inversión continua interior-exterior) y la actualización con Tunga ("Ão", 1981: la topología interior del toro abriéndose en un viaje en coche) y Tatiana Grinberg ("Desocupado", 2001: el visitante pasea por el interior de una estructura de montaje museístico, accediendo a la arquitectura y al paisaje del exterior). La palabra aquí ya sería "transatravesamiento": ser invadido con toda su fuerza por la intensidad de continuas inversiones.

Transatravesamiento: es parte constitutiva de este recorrido construir pequeños comentarios –en forma de cascada– según la "no ejemplar experiencia de este curador-comisario-artista". De entrada, el lector nota la inversión en este párrafo, en el que la escritura adquiere un tono retrospectivo de contacto con un proceso ya realizado. Pero esto solo servirá para lanzarnos más lejos. Ya veremos. Percibir la ubicación de la curaduría-comisariada desde sus relaciones internas fue quizás lo más decisivo: ¿qué hace, después de todo, el curador-comisario? Además, ¿puede la exposición terminada, abierta al público, adquirir un carácter autoral, con la firma del curador-comisario? ¿Cuál es la relación del curador-comisario con la producción de sentido en la exposición, ya sea como evento o como obra? ¿En qué momento del proyecto el transatravesamiento específico curador-comisario-artista se hace presente? Después de todo, ¿es realmente legítima tal demanda? Es claro (ya se ha escrito mucho sobre esto) que la construcción de este cargo (curador-comisario) es el resultado de reacomodos del circuito en tiempos de hiper institucionalización: si hoy, este cargo se coloca casi como esencial en la legitimación del proceso de exhibición, es porque es necesario, por una conjunción de factores ciertamente extra artísticos. Tal personaje viene a perseguir su identidad de trabajo ya bajo la presión de un espacio a ocupar, cuya demanda me parece sin duda de carácter institucional. Al fin y al cabo, situar las decisiones sobre cómo y cuándo acercar las obras de arte al público, bajo el acribillo de hacerlo de acuerdo con un cuidado plan de presentación –ya sea conceptual, comunicativo o económico– es una exigencia que incorpora y acepta la dimensión de complejidad del problema de la recepción de la obra, hoy. Es posible advertir allí una preocupación por el "público", es decir, una figura que se refiere a la recepción colectiva, social de la exposición en un sentido amplio: responde a las demandas (legítimas, a su manera, ¿por qué no?) de la moda y del marketing así como aquellos (¿más nobles...?) de carácter intelectual y prospectivo, indicativos de los importantes temas a tratar hoy. Mientras que la tradición de la "participación del espectador" –contemporánea, vale recordar, de formulaciones sobre la "obra abierta" y la "estética de la recepción"[20]– apunta a una preocupación por la relación de la obra con el espectador en una relación directa de contacto individual, corporal, el proceso de construcción de eventos y exposiciones (tarea del curador-comisario) se dirige hacia un contacto con un "público", en el sentido de espectador, colectividad. En principio, nada indica que estas dos demandas (espectador, público) vayan necesariamente juntas: se piensa en un público identificado según las encuestas de opinión, clasificado en función de parámetros sociológicos y económicos, y un espectador culto (o no), iniciado (o no) en los procesos culturales, experimentando su sensorialidad como superficie receptora de lo imprevisto e inesperado. Las estadísticas y las subjetividades se pueden encontrar en la misma curva

20 La "participación del espectador" cuenta con aportes decisivos de los artistas Lygia Clark y Hélio Oiticica, de fines de la década de 1950, período en el que Umberto Eco formula su "obra abierta". Se considera que la "estética de la recepción" fue iniciada por Hans Robert Jauss en 1967.

de interés, pero los métodos de uno no convergen fácilmente con los del outra[21]. Por lo tanto, en la concepción de un evento, parece que la elección recae a veces en la atención al gusto del público, a veces en la curiosidad insaciable del espectador –exigencias externas a las obras vs. cuestiones plásticas que traen las obras en su autonomía. Pero... puede que no sea satisfactorio responder a un problema eligiendo uno de los términos de una expresión binaria... si queremos trabajar desde una perspectiva más dinámica.

El esfuerzo por situarse en medio del problema puede verse premiada con la percepción de huellas esquivas, no siempre capturables y registrables con equipos de detección convencionales; la región polarizada entre las exigencias del orden plástico de la obra y las exigencias de la mediación para la recepción del público puede resultar inhóspita y árida –aun así, debe ser reconocida como lugar existente. Parece evidente que un proyecto de curaduría-comisariado que produzca un impacto perceptivo, que nos haga pensar, que señale esclarecedoras desviaciones en nuestra conceptual-sensorialidad –efectos similares a los que producen las obras de arte que admiramos– indica convergencias y superposiciones entre los campos de producción de la obra y la producción de la exposición: pasajes que no se resuelven de golpe, sino que reclaman una temporalidad propia para su (lento, casi siempre) procesamiento. Entrar en la sala de exposiciones y salir de allí cómodamente, volviendo a casa satisfecho, es una exigencia habitual del público contemporáneo acostumbrado a saldar diariamente sus cuentas con la existencia, resolviendo todos sus pendientes antes de intentar dormir tranquilo: este espectador convencional no soportaría abandonar el evento con preguntas y problemas, especialmente preguntas y dudas sobre el arte contemporáneo: la relación directa con las obras debe resolverse, *in loco*, de inmediato. En este caso, un mal proyecto es aquel en el que las dudas se aferran al cuerpo, insisten en no salir después una noche de sueño. A menudo, un proyecto es condenado por no brindarle al público suficiente información para que el problema propuesto se resuelva allí mismo, a puerta cerrada. Tal exigencia (aquí ampliada por el efecto de las palabras sobre el papel) parece ir en contra de lo que las obras

---

21 El concepto de "cuerpo colectivo" de Lygia Clark (una vez más…) encierra la posibilidad de servir de conexión entre los dos universos, al transformar al grupo en un organismo vivo.

quieren establecer –la presencia reiterada del conflicto inherente entre obra y evento–, es decir, la propuesta de una temporalidad a largo plazo, insistente, que realmente quiere capturar al espectador en maquinaciones caprichosas. Se sabe que, entre ellos y ellas, (muy) pocos están predispuestos a ello, como también se sabe que, en el límite, el evento exitoso operaría la conversión del público en espectadores: de entidades dispersas y fóbicas al acoplamiento e hibridación, a piezas activas en el mecanizado complejo que ofrece el trabajo contemporáneo. Habría un aspecto que está presente en el recorte que singulariza al curador-comisario-artista frente al evento: ofrecer al público la línea de fuga del *transatravesamiento*, indicando algunos destellos para esa conversión (que ya tensionaba la modernidad) en un espectador potencial acoplado, híbrido, singular y activo (un camino lleno de accidentes, que se hace poco a poco).

Mezcla + Confrontación se constituyó a partir de la estrategia mencionada anteriormente, buscando tensionar la relación entre la obra x evento con la eliminación deliberada de obstáculos entre el público y las obras presentadas: para la gran mayoría de las obras, el espacio característico de la Central Eléctrica do Freixo está presente como elemento activo; el montaje buscaba ser dinámico junto con esta arquitectura, aunque sujeto a la exigencia (de raíz económica y pragmática) de aprovechar estructuras de la exposición anterior; las obras expuestas se establecieron a partir de una amplia negociación con cada artista, privilegiando, en lo posible, piezas inéditas o que se actualizan con cada montaje en la modalidad *work in progress* (el curador-comisario prefiere los artistas a las obras); el público es recibido en la exposición con un par de conceptos que se escapan intencionadamente de las recetas y fórmulas habituales que facilitan el recorrido: si al público le resulta extraño, el espectador se deleita al darse cuenta de que los conceptos también quieren provocarlo, lanzarlo a una capa de fruición notablemente sensible, complicando. En cierto modo, se deja al público a su suerte dentro del espacio expositivo, pero si se adoptó este procedimiento es porque se cree en un poder propio de las obras que no puede ni debe organizarse en exceso en función de demandas externas, muchas de las cuales se equivocan. Querer establecer una tonificación sensorial en el evento es ocupar el espacio expositivo con las premisas de la invisibilidad, no como ausencia, sino como activación, enigma, seducción[22]. Proponemos una mezcla y confrontación de los conceptos "mezcla" y "confrontación", para llegar a Mezcla + Confrontación (evitar la confrontación sin mezclar y mezclar sin confrontar), este proyecto de transatravesamiento en forma de exposición.

Una exposición no es obra del curador-comisario, que funciona más como un agente que un autor, verdadero (trans)atravesador de situaciones –buscar en el evento la "mano" del curador-comisario, dándole un posible toque singular, quizás sea tema de entusiasta polémica, pero que no aplica en Mezcla + Confrontación, donde los gestos intentaron ser mínimos, buscando siempre una apertura de espacio para una confrontación directa con la producción. Porque es necesario darse cuenta de que sólo en este choque sucede algo de verdad.

. . . .

En este instante quiero proponer un camino posible a través de Mezcla + Confrontación: sin ánimo de totalizar nada y con la intención de mantener abiertas otras posibles trayectorias en relación a las obras allí expuestas. Me reservo el derecho de rastrear algunos pasajes; traigo a la superficie el deseo de que estos sean uno entre muchos, y no uno. Me quedaría contento si despertara al lector la intensidad concentrada por los trabajos, incluso a través de estas páginas impresas.

Si inicio este recorrido con Edson Barrus y su instalación multimedia "Estação Genética Internacional Cão Mulato" –que combina varios dispositivos técnicos, libros, revistas, imágenes y sonidos– es porque esta obra comenzó a funcionar de manera dramática, cuatro días antes de la inauguración de la exposición: el 11 de septiembre de 2001, martes, se produjo el ataque al WTC. Bajo el impacto inicial de esos momentos, nadie tenía todavía idea de la dimensión del gesto, de la extensión del ataque (¿cuántos aviones seguían volando? ¿qué objetivos habían sido alcanzados?). La única fuente de información, en vivo, en toda la Central Eléctrica do Freixo, eran los televisores (sin imagen, por cierto) que formaban parte de la "Estação Genética Internacional Cão Mulato". Inmediatamente, todos los que tra-

22 Sobre lo invisible, como combinación de sensorialidad y concepto, véase Yves Klein y Robert Barry.

bajaban en el montaje (¿los más nerviosos, los más curiosos?) desviaron su camino para pasar de alguna manera por la instalación y escuchar algunas de las noticias. Estaba claro que a partir de ese momento la obra de Edson ya había comenzado a funcionar (incompleta, fragmentada, sin público, sin exposición, sin explicación). Su vocación comunicativa –en el sentido de establecer redes– salió a la luz, conectando efectivamente el espacio expositivo con el mundo, haciendo del lugar de la obra de arte un espacio de conexión con lo real de la "vida universal".[23] Construida con la amplitud de una Estación Internacional, esta instalación invierte en el caos acumulativo de la información, operando una convergencia entre la alta y la baja tecnología: no sólo informativa o genética sino también artística, si queremos. Así, Barrus utiliza referencias a la biología para marcar la pauta de su instalación, construyendo incesantes convergencias entre el código genético y el código informático: el objetivo de este *work in progress* es la creación de un perro híbrido, mulato, sin condenarlo a la eterna hibernación en un base de datos: para el espectador que visita la "Estação Genética Internacional Cão Mulato", se espera la disponibilidad de perderse en medio de tantos dispositivos, imágenes y textos, es decir, experimentar en estos acoplamientos el camino intrincado de lo que el artista llama el "proceso de mulatización [*mulatação*]".

Artur Barrio, en "Malha", también creó una situación de subversión del tradicional mecanismo institucional de exhibición, haciendo una especie de apertura antes de la apertura, involucrando a algunos de los otros artistas y al equipo de montaje. Definiendo su trabajo como "idea de situación" (por lo tanto, no es una simple instalación), el artista desarrolló un espacio de juegos, basado en la campera (malha) tradicional portuguesa: para enfatizar la importancia del tiempo presente (disfrute en tiempo real, se podría decir) los discos y pines metálicos (piezas del juego) están ahí, en el suelo, a disposición de quien quiera arriesgarse a pujar. Por supuesto, el juego se dispone en la sala en medio de varios elementos de la misma importancia, tales como piezas de madera y cuerdas –piezas de referencia escultórica pero que hace tiempo que ya abandonaron este campo, para

---

23 "Vida universal" es una expresión utilizada por Baudelaire en *El pintor de la vida moderna* [Alianza Editorial. Madrid, 2021], para referirse a la atracción del artista moderno por el presente, por la vida, por lo real.

ordenarse como huellas gestuales, productos de una acción– y varias inscripciones en las paredes (ya hemos tenido la oportunidad de discutir los escritos de Barrio en términos de una "literatura expandida"[24]). En varias de sus anteriores "ideas situaciones", realizadas en 2000/2001, las inscripciones estaban orientadas hacia una confrontación con la historia del arte brasileño, el crítico, el curador; esta vez, asumiendo una triple tipología, comenta la relación entre el "teórico" y el "artista", en términos de una relación de poder entre la autoridad de la palabra y el hacer: "1) el artista de vanguardia crea y es/siendo simultáneamente su propio teórico, es decir, el artista de vanguardia contiene teoría y práctica... (praxis)", escribe Barrio. Es importante tomar esta frase como un índice de fuerza de la producción, del trabajo plástico, frente a los mandatos hiperinstitucionales de la contemporaneidad. Volvamos al principio de este párrafo: la víspera de la inauguración de Mezcla + Confrontación, Artur Barrio instaló una pequeña pizarra en su salón, sobre la que colocó unas botellas de vino, pan, queso, aceitunas y altramuces; amigos, los artistas que allí se encontraban, e incluso los que estaban participando en el operativo general del montaje, aceptaron el ofrecimiento de bebida y comida, en una celebración que se prolongó por horas, mezclándose con el trabajo en proceso dentro de la Central Eléctrica do Freixo. No cabe duda de que aquí se repite el efecto Edson Barrus: un inicio temprano de la obra, que insiste en marcar su diferencia con el cronograma oficial (¿para tristeza o alegría del público?). Al día siguiente, y durante todo el tiempo que duró la exhibición, dentro del salón de juegos de Barrio sólo quedaron los restos de comida y bebida de una fiesta ya inaccesible; maniobra para escapar de una cierta maquinación de la visibilidad al mismo tiempo que sirve para sacar a la luz la fuerza de una actuación que necesita del presente, del aquí y ahora de la experiencia.

Estas dos referencias iniciales deben complementarse con otras cuatro operaciones, presentes en Mezcla + Confrontación, para escapar de las trampas del aparato técnico estandarizado de la "forma de exhibición". Pero hay que decir de entrada que la adopción de esta línea de fuga es ya parte constitutiva de la poética contemporánea, y construir cualquier evento en

---

24 Ricardo Basbaum, "Dentro d'água", publicado en el catálogo *Regist(r)os*, Porto, Museo de Serralves, 2000.

este ámbito implica hoy un complejo manejo de escapes, contrainclusiones, reversiones, forclusión[25], etc. Esta combinación de diversas cualidades de relaciones no lineales y conjunciones de fuerzas no es simple –la mayoría de las veces invirtiendo en la contradicción, el humor, la paradoja, etc.– y debe resultar en un evento que a su vez requiere de inmediato objetivos de positividad sustantiva para justificar el capital invertido. Podemos ver cómo cada artista desarrolla su juego de lenguaje en la escena contemporánea, atento a diferentes aspectos de este tema. Es así como nos acercamos a las obras aquí presentadas de João Modé, Francisco Tropa, Miguel Leal y Oriana Duarte.

João Modé presenta tres situaciones en el espacio expositivo, además de haber realizado una acción en vivo –esta vez, en contacto directo con el público visitante– en la tarde de la inauguración. Me gustaría destacar, inicialmente, quizás la pieza más invisible, tan frágil que, como se rompe con facilidad, puede requerir varias reparaciones hasta el final de la muestra: "Extensor", un hilo largo de terciopelo de algodón rojo que parte de un punto muy alto en el muro del fondo del lado derecho de la Central Eléctrica de Freixo, extendiéndose por casi 60 metros hacia adelante, en la parte superior hasta el muro de enfrente, donde entra por la ventana de acceso al interior a la segunda planta del edificio. Me gusta pensar en este hilo, en su atravesamiento a lo largo de prácticamente toda la longitud del edificio, funcionando como un generoso índice de articulación del conjunto de obras allí expuestas, que acepta atravesar los nichos ocupados por otros artistas sin temor a sufrir o causar efectos de contaminación recíproca. Efectivamente la obra sobrevuela las obras de Miguel Leal y Francisco Tropa, acercándose a la pieza videoescultórica de João Louro; y, por supuesto, va por encima y al lado de otras dos obras propias, casi reforzándolas de alguna manera. La delicadeza material y el color rojo expresan una cierta inalcanzabilidad, la búsqueda de un camino ya más allá del suelo (ya sea en el sentido de "superficie" o "ejecución por una sola persona"), transformado en una región donde se encuentran diferentes entidades.

---

25 Forclusión: término introducido por Jaques Lacan [*forclusion*], indicando el "rechazo primordial de un 'significante' fundamental (...) fuera del universo simbólico del sujeto", en el que el significante no está integrado en su inconsciente" sino que retorna desde "el seno de lo real". Laplanche, J. y J.B. Pontalis. *Diccionario de psicoanálisis*. Labor. Barcelona, 1974.

Este encuentro se vuelve transparente en "Comida para el alma", donde un juego de lianas brasileñas se extiende desde el suelo hasta el techo del edificio, incluso cerca de las claraboyas por donde entra la luz del sol. Este haz de líneas sirve para atar, en la parte superior, varios pequeños jarrones de porcelana que establecen, al mismo tiempo, relaciones de donación o recepción de algo, por lo tanto, un campo de intercambios, altamente enrarecido, espiritualizado, que ganará en concreción más pragmático en "Del cielo, de la tierra": en esta acción, el artista, sentado en una mesa, fuera del espacio expositivo, recoge deseos escritos por el público en pequeños pedazos de papeles, luego colocados dentro de globos inflados con gas helio que se pierden en la inmensidad de los cielos.

Francisco Tropa está presente con un poco más de mesura, sin por ello renunciar a la extrema precisión de su intervención. Su escultura de bronce "El ojo vigilante", realizada en seis copias idénticas, fue diseñada para ser distribuida en diferentes lugares, escapando así –de manera explícita– a estar encerrada en una habitación aislada e individual. En la instalación, el artista buscó puntos donde nunca se tenía una visión de todo el conjunto, sino apenas de la próxima pieza a ser ubicada: se trata de la construcción de un camino que siempre permanece abierto, porque si el siguiente paso está de alguna manera determinado por el anterior, se evita drásticamente la cadena causal cuando la totalidad del conjunto queda incierta, más allá del campo visual del caminante (una maniobra de olvido deliberado). Diseñadas como bastones, las esculturas tienen su propia fijación, incluso permaneciendo erguidas, en el centro del espacio, como si una extraña fuerza las mantuviera firmes. En el lugar correspondiente al cabo, hay un gran ojo, que quiere estar alerta: sin ser un ojo para controlar las acciones o desplazamientos de los demás, esta vigilancia parece ser la de una alerta casi cósmica –en el sentido de alguna forma de encuentro con las fuerzas primitivas, mitológicas, en las que se evoca lo que todavía puede existir como naturaleza (categoría de pensamiento que tiende cada vez más a desaparecer, resistiendo sólo como lo inarticulado o lo impensado)–, representando una totalización que escapa a los binarismos por combinar la forma fálica del tallo con la vulva, visible en la forma del ojo si se ve verticalmente. Los caminos de Tropa y Modé se encuentran en las regiones de lo invisible que evocan sus obras, reforzando una puntuación desmaterializadora dentro de Mezcla + Confrontación, no en el sentido conceptual, sino de referencia religiosa, en el sentido de operar momentos de conexión (que son también formas de huida o escape) en medio del decorado.

Las estrategias de serialización y repetición son adoptadas de manera muy peculiar por Miguel Leal, en esta exposición. No es que sean temas dominantes en sus propuestas, sino que se instalan de manera sutil en las dos obras presentadas, sirviendo incluso como herramientas que instrumentalizan su evidente deseo de deriva y desplazamiento. "Deambular es principalmente una cosa interior" consiste en una casa construida en madera, sobre ruedas metálicas. Las dimensiones no son pequeñas y dan como resultado un objeto de considerable volumen, claramente extraído de la ya muy familiar imagen de una casa tal como se suele reproducir en medios gráficos (casi un logo). El artista determinó estratégicamente que este objeto sobre ruedas se colocara a la altura del segundo gran portón lateral de la Central Eléctrica de Freixo (es por el primero de estos portones por donde se accede a la exposición), de forma que, con un pequeño desplazamiento, la pieza podría estar situada en el medio entre el espacio interno y el externo, es decir, ni adentro ni afuera (o adentro y afuera simultáneamente). Hay una clara adopción de una línea de fuga de los hábitos expositivos: "la casa móvil es también una forma posible de responder a la proliferación de·pequeñas cajas oscuras en las que cada artista expone su trabajo de forma más o menos autista, y que se han convertido en una costumbre en muchas exposiciones colectivas de los últimos años", escribe el artista en su proyecto[26]. Se trata de embarcar en esta casa-objeto y escapar de la sala de exposición; pero al mismo tiempo también señala de vuelta hacia adentro, caso el movimiento sea inverso. La repetición cotidiana, al abrir y cerrar la exposición, de este mismo movimiento (empujar la casa de adentro hacia afuera y de afuera hacia adentro), aunque puede ser un gesto atribuido a el montaje de la pieza, es también una acción que la constituye, que formatea su lógica de funcionamiento: frente al objeto somos llevados por la doble visión de la serie desde dentro y desde fuera, componiendo el resultado de la intervención

---

26 Correo electrónico enviado al curador-comisario en julio de 2001.

como esta confrontación de algo que asume determinantes del juego del arte (hacia adentro) pero que está convencido de que nada hará en este campo si no escapa a su devoración (hacia afuera). Las 25 fotografías del rebaño de cabras nómadas de la región de Gerêz, que componen "Madagascar (la línea)", añade más referencias a las investigaciones de Miguel Leal sobre la poética del desplazamiento: estos animales ignoran heroicamente los límites de la frontera política entre los estados español y portugués, haciendo de su territorio una aventura topológica a través de las regiones de borde: las cabras piratas producen pliegues en las líneas de los mapas oficiales, redibujándolos según sus máquinas de guerra.

"Tremor na Estação D'Ouro" es el título del trabajo final presentado por Oriana Duarte: para llegar a este resultado, la artista decidió abandonar su proyecto anterior, para responder a las nuevas circunstancias a las que se presentó en la Central Eléctrica de Freixo. Creo que es muy importante proteger este margen de maniobra frente al impacto de algo diferente, que es misterioso y fascinante, porque ahí está la posibilidad del arte, su región de maleabilidad y desplazamiento. La artista emprendió un difícil trabajo de *sensorializarse* a partir del entorno, del nuevo ambiente –tanto físico, del edificio de exposiciones y su entorno, como cultural, de las diferencias entre los entornos de Oporto y Recife, donde vive. El impacto del lugar la llevó a negarse a mostrarse dentro del espacio expositivo, emprendiendo una maniobra para buscar un lugar que respondiera a la voracidad e intensidad que se imponía en aquel momento. Oriana Duarte encontró lo que buscaba en una pequeña habitación cerca de la salida a la calle: ubicada exactamente debajo del gran puente que cruza el Río D'Ouro, cuyos pilares de soporte están empotrados en el mismo sitio que la Central Eléctrica do Freixo, esta pequeña habitación ofrece una experiencia extraña para los que están adentro: todas los vidrios de las ventanas vibran cuando los autos, camiones y autobuses pasan por el puente, produciendo sonidos que remiten inmediatamente a la inestabilidad de los materiales. La sensación es de incomodidad, angustia, ansiedad. Bajo esta atmósfera –que pretende principalmente mantener un indicio de impacto e inminencia de cambios–, la artista ocupó su sala con registros fotográficos y de video de sus desplazamientos de indagación sensible de los alrededores; las ventanas, así como parte de los muros, fueron recubiertas con film de color dorado, en clara referencia al río y al puente que lo cruza. En este caso, la huida del espacio expositivo se configuró principalmente como la construcción de un lugar de identidad para el trabajo, ya que las exigencias de la sala habitual de exposición se sienten demasiado generales, inhibidoras del devenir buscado.

Se completó así un primer recorrido a través de Mezcla + Confrontación, que permitió visitar aquellas maniobras que quieren buscar otras posiciones en relación con la arquitectura de la exposición. El recorrido se hará ahora a través de obras que inviertan en el tema de la imagen, instrumentalizándola a través del video, las diapositivas o la fotografía, siendo el entorno preferente el de la instalación, es decir, la imagen espacializada, buscando, cuando sea posible, un diálogo directo con las características del lugar donde se encuentra.

Este es precisamente el caso de "A cadeia alimentar", de Livia Flores: la proyección se desarrolla en una sala transformada por las intervenciones materiales de la artista –una lámina de vidrio divide el espacio y produce desviaciones en el haz de luz del proyector, palabras pegadas a la pared reúnen reflejos. Antes de percibir la narrativa propuesta en una imagen –o mejor dicho, simultáneamente con este descubrimiento– el sitio ya se advierte como una región de intervención casi escultórica, transformando la percepción puramente fílmica en una combinación de espacio e imagen-movimiento. Por supuesto, esta operación complica la trama propuesta, incluso asumiendo una condición de choque con el entorno en el que se manifiesta: la situación fílmica, que muestra a un mesero agregando un instrumento a la cuchara sopera para continuar con su proceso de alimentación, se multiplica en términos de color, luz e imagen cuando la lámina de vidrio interfiere en el tránsito de la proyección. La artista realmente parece querer construir una poética de conexión, de intermediación o de dispositivos de bloqueo (el alicate, la hoja de vidrio): no sería también la palabra (presencia sutil pero insistente) un dispositivo del mismo tipo, interponiéndose a medio camino entre nosotros y las cosas y produciendo así toda suerte de reflejos, multiplicaciones y desviaciones? El término "cadeia"[27] funciona aquí en su doble sentido de conexión y encierro: cada

27 *Cadeia* en portugués significa tanto "cadena" como "cárcel". [N. de T.]

nodo de una red puede al mismo tiempo limitarla o expandirla. Esta instalación de Livia Flores tiene sobre sí misma un efecto multiplicador, ya sea centrífugo o centrípeto, y es ahí donde la obra nos atrapa, ya que se involucra en nuestra cadena de percepciones y nos pone en la tarea de mezclar y confrontar el campo de sensaciones que produce.

"Alhime", de Marcelo Coutinho, se organiza un poco en esa lógica de impregnación escultórica del espacio, que se compone con la imagen videográfica. Hay más elementos en juego, que señalan en distintas direcciones, pero la construcción de la obra parece partir de una premisa minimalista de estructuras y elementos en repetición: los cubo-esculturas que sirven de cobijo a las gallinas, los propios animales, la célula músical en ritmo de constante marcaje casi militar e incluso el gesto grabado en video, en tiempo real, con su contención corporal; todos estos elementos apuntan a la clara delimitación de células de varios tipos que continúan en su función de presentarse una tras otra (aunque caóticamente, en el caso de las "células vivas"). Pero el trabajo se organiza a partir del lema "Alhimar", un verbo:

> *Alhimar.* v. t. d. 1. Acción cortante deliberada en un patrón rítmico constante, presente en el entorno. 2. Difusión de una frecuencia, en un contexto inadecuado. 3. Intento discreto de modificar una constante energética, que aparece en consonancia, interna y externamente con el individuo.

La invención de vocabulario es una forma de jugar con la producción de sentido ya prevista en la obra, anticipando que la invención del lenguaje plástico implicará una invención discursiva para dar cuenta de las nuevas sensaciones producidas, que requieren de un nuevo hablar. Esta decisión anticipatoria (que en realidad es simultánea, por supuesto, con los aspectos plásticos) hace que el trabajo pertenezca inmediatamente a otro lugar, a las fronteras del lenguaje –y es desde esta región desde donde lanza su llamado: el uso de la combinación del texto, la imagen, el sonido, las estructuras, los animales vivos, hace que cada uno de estos elementos sea desviado por el otro en lo que ya creemos saber y se reintegre al todo–, como un borde, una frontera, una región de invención. Entonces, podemos dudar si lo que vemos son gallinas o un animal con cualquier otro nombre.

Este tiempo de percepción y pensamiento es violentamente ralentizado por la presencia dominante del video, con su imagen de movimiento corporal ejecutada de manera muy lenta, casi imperceptible: parece que la instalación realmente quiere congelar los factores constantes y modificarlos. Es curioso el ambiente de disciplina casi militar que se apodera del espacio: uno de los efectos de "Alhime" es la tematización crítica de un autoritarismo latente en los procesos de producción de sentido, presente en el campo del arte y en sus juegos de poder.

Es necesario desviarse un poco de esta lógica compositiva de imagen y espacio para acercarse a "A Leonor e a Irene", de Rita Castro Neves. Aquí el espacio se neutraliza al máximo, de modo que en la oscuridad de la sala sólo emerge la triple pantalla: se trata de una narrativa que invierte en la producción de espacios simultáneos, apostando por los efectos de superposición y los pasajes entre ellos. Así funciona la obra, moviéndose continuamente de una proyección a otra, como en un collage acelerado, dinamizado –un hiper-collage– o en un trabajo de montaje cinematográfico en el que la "escena" anterior, está siempre repitiéndose sin ser jamás abandonada. Son sólo tres situaciones, que involucran a dos hermanas adolescentes: la hermana menor aparece en casa, jugando con su gatita y, al mismo tiempo, tres años después, bailando enamorada con su novio; la hermana mayor se deja tocar por la cámara –como si fuera por el viento– ofreciendo poca resistencia y una imagen tranquila y serena de sí misma. Estas operaciones simples podrían introducirnos en más un ambiente familiar; no es lo que sucede y es en la implicación de ciertas operaciones de elección de imágenes, construcción de un guión y manipulación del lenguaje que tiene lugar la obra. De hecho, si las tres parecen ser equivalentes, pronto se nota que el sonido que se apodera de la habitación proviene solo de la primera secuencia, a la izquierda (las otras imágenes fueron seleccionadas, para ser leídas al son del 'repiqueteo de patas de gato'). A continuación, se sabe que la artista se relacionó de manera diferente con esta imagen: no es algo construido, grabado, escenificado, dirigido por ella, sino una escena apropiada de un video casero familiar: Rita Castro Neves tuvo cuidado de elegir esta pequeña secuencia y copiar eso; pero no estaba allí detrás de la cámara de grabación. Así, las otras dos escenas (al centro y a la derecha) fueron guionizadas, concebidas y grabadas por el artista a partir de esta primera, apropiada. No sabemos quién es Leonor y quién es Irene (¿la de la derecha o la del centro?), y estos podrían ser nombres ficticios para dos personajes femeninos jóvenes –pero son hermanas y estos son sus nombres, por lo que se interpretan a sí mismas para la cámara. Es claro que la artista se mueve en un campo en el que busca establecer un lugar de convergencia entre las poéticas de lo ficcional y lo real, manipulando deliberadamente las imágenes, desnaturalizándolas, para extraer de ellas un funcionamiento diferente, en el que evita los excesos de lo estético o la positividad del realismo objetivista. Esta ecuación está claramente presente en sus fotografías, en las que imágenes intrascendentes de la vida cotidiana se vuelven significativas, a partir del encuadre construido: la huida de lo estético es también una huida de lo puramente positivo, dando como resultado una imagen que atrae la mirada del espectador hacia la construcción de posibles narrativas desviadas.

Al elegir la situación cine como referente de su instalación, Ana Pinto apuesta por un formato de relación entre el espectador y la narración, al tiempo que señala ciertos resquicios a través de los cuales la obra construye sus singulares momentos. "I have no way of knowing if you can hear me"[28] tiene una duración de 3 minutos y está espacialmente organizado, dentro de Mezcla + Confrontación, como un evento de cine: en la entrada de la sala está el cartel de la película, en la puerta, cortinas de terciopelo, dentro de la sala un banco para que se sienten los espectadores. Además, después de cada "sesión" hay un breve descanso antes de que la película comience de nuevo, para que la gente pueda irse y la nueva audiencia pueda entrar. La investigación aquí se desarrolla principalmente en términos de estructura narrativa, buscando las especificidades de un cine digital: este trabajo es despliegue de una realización anterior de Ana Pinto, y permanece la cuestión ya trabajada por ella, en torno a las reversibilidades entre el tiempo y el espacio. Por supuesto, esta es una pregunta que persigue toda la lógica de la imagen en movimiento, y vale la pena señalar el aporte que pueden hacer las videoinstalaciones y el cine de matriz digital. En esta obra hay una escena urbana cotidiana, en la que vemos personas sentadas en un vagón de metro; un personaje femenino se desplaza desde el fondo

28   *No tengo forma de saber si me podés escuchar*. [N. de T.]

del plano hacia la cámara hasta dominar por completo el encuadre. Hay una segunda secuencia, posterior, en la que el mismo personaje hace el movimiento inverso, dejando la cámara al fondo, desapareciendo entre la gente del vagón. Entre estas dos secuencias, el artista inserta otra serie de imágenes, desviando el camino narrativo inicial a través de una distensión temporal: en lo que sería quizás el espacio de un encuadre, entre la primera y la segunda secuencia, se inserta todo un nuevo flujo de imágenes, con una demarcación de referencia totalmente diferente. Estas imágenes pierden toda linealidad y desencadenan una cadena de asociaciones sensibles, como en un instante de hiperestimulación en el que el deseo se adueña de las cosas a su alrededor en sus flujos múltiples, expansivos, no concluyentes. Cuando el personaje regresa, después de este descanso, el ambiente en el vagón del subte ya no es el mismo, bajo la mirada del espectador, se da un efecto-cine.

Marcos Chaves también establece una proyección frontal –pero fuera de una habitación: comparte un gran espacio con Paulo Bruscky, quien también hace proyectar su obra, en una gran imagen abierta. Son artistas con lenguajes absolutamente distintos, pero que se encuentran en algunos puntos a través del humor, la presencia de la palabra y la estrategia de apropiación. Las proyecciones confrontan un hermoso paisaje de Río de Janeiro y una escalera en la ciudad pernambucana de Gravatá: pero las situaciones de grabación y construcción de imágenes son absolutamente diferentes. El paisaje de Río de Janeiro ("Eu só vendo a vista") es el resultado no de una fotografía, sino de una larga toma de video; es una imagen en movimiento, que le da una extraña vibración al paisaje. Aquí la cámara asume la objetividad y la neutralidad de una imagen sin autor, que quiere ser imagen de una imagen, que reproduce lo ya conocido y de dominio público: una postal de la ciudad. En la narración de Bruscky ("Via Crucis") nunca tenemos una imagen completa del lugar, sino largos planos secuencia, siempre parciales, acompañando la acción. Como se trata de una performance, la cámara asume desde el principio su lugar entre quienes intervienen en la acción, evitando cualquier neutralidad de una mirada que no se mezcla con lo que observa. Dos formas muy diferentes de abordar el paisaje: retirarse completamente de la escena para una mirada desencarnada, casi voyerista (Marcos Chaves) o colocarse completamente en la imagen, sacando el dispositivo de su neutralidad para que quede totalmente impregnado de una corporeidad de desplazamiento (Paulo Bruscky). En el primer caso, la dirección de la imagen es desviada por la inclusión de la frase "Eu só vendo a vista", circulando rápidamente sobre ella: es la multiplicidad de significados que permite el juego de palabras lo que hace que el paisaje sea habitado por una huella de alguien, sea artista, sea espectador. El artista implementa una estrategia similar en su otra instalación, "Come and watch me" ["Vení a verme"], de luz y espejos: es también el juego de palabras que abre espacio a otra habitabilidad que no es simplemente desencarnada (o puramente narcisista, de un cuerpo con él mismo), en una operación de distanciamiento y acercamiento a través del signo de la escritura. Nada de esto es un problema para Paulo Bruscky, quien, por el contrario, se enfrenta a la cuestión inversa, de la excesiva corporeidad. En "Via Crucis" la acción continúa casi en tiempo real, y las voces que se escuchan en la lectura de los nombres registran la pérdida de resistencia, el cansancio, a medida que transcurre el ascenso (si no fuera por esta dimensión de audibilidad, todo se percibiría de otra manera). Pero si los hombres llegan al borde del agotamiento físico, la cámara también sigue esta dinámica, completamente inserta en la lógica del esfuerzo físico, absolutamente dentro del proceso, participante. Esto es lo que la ubica no como registro, sino como agente. Aquí también la palabra juega un papel decisivo. Restos de la escalera original de Gravatá, recogidos por Paulo Bruscky diez años después del rodaje, cuando estaba siendo demolida, completan el decorado expuesto.

"L'Homme Blessé" ["El hombre herido"], de João Louro, nos remite a otro orden de problemas: estamos entre la escultura y la videoinstalación, en presencia de un objeto de gran escala que dialoga con el espacio expositivo de la Central Eléctrica do Freixo y al mismo tiempo alberga dos superficies de proyección. Pero nada en este proyecto es simple positividad, ya que cada parte del trabajo hace eco de una mordaz ironía, desde el título hasta la narrativa videográfica; incluso el desafío de las dimensiones escogidas para la obra son aún más un gesto incluido en la poética corrosiva propuesta, en la que se argumenta un poco irónicamente lo que puede ser una efectiva relación dialógica con la arquitectura para completar un gesto de fuerza que interviene de forma seca y directa dentro del área de exposición. Sin embargo, es precisamente de la cuestión de la "grandiosidad" y de algunas de sus poéticas asociadas de lo que se nutre la obra. De hecho, tenemos una visión cáustica del arte como "business" y del artista como "hombre de negocios", absolutamente integrado en el orden en que vivimos, bajo la lógica del biocapital. La aparente normalidad de la estructura escultórica, serena, pintada de blanco, se complementa con la naturalidad realista de las secuencias narrativas en vídeo: un pasillo de hotel, por el que transitan personas camino del ascensor. Sin embargo, detrás de la gente que pasa, a través de la puerta entreabierta, vemos una sala de ejecución con inyección letal: la sala de la muerte. Si buscamos la otra proyección, para ver a la gente desde atrás, alejándose hacia los ascensores, entonces somos nosotros –más ampliamente, el mismo lugar donde estamos parados, observando cómo se desarrolla la acción– quienes estamos dentro de esa habitación de la muerte, mirando a través de la puerta. Con este simple juego de cambiar puntos de vista, João Louro logra posicionar el lugar del espectador –y el espacio de exhibición– simultáneamente como una región de vista privilegiada de su entrada y como la propia sala de la muerte, como un lugar de observación. El artista quiere operar una desidealización absoluta del lugar del arte y de la figura del artista, analizándolos como elementos inevitablemente inmersos en la realidad pragmática del capital (peligrosamente perversa).

Esta no deja de ser la pregunta que también mueve a João Tabarra, aunque la desidealización aquí se da de forma menos extrema, sin abrir necesariamente un diálogo al borde del mostrador del negocio. Se da la búsqueda de una relación que conserve una escala de intimidad, donde el sujeto –aunque tomado por la desesperación– construye un lugar de choque del cuerpo presente, en el espesor de una confrontación sensible con las cosas. "Globalization (Petit Poéme)" ["Globalización (Pequeño poema)] consta de dos series idénticas de diapositivas, proyectadas una al lado de la otra: una de las series trae las imágenes invertidas en relación con la otra, produciendo entre ellas una extraña complementariedad duplicada. Vemos la fotografía de la proa de un navío que, de repetirse, configura la imagen de dos navíos queriendo alejarse, lo que sin embargo no ocurre. Tabarra quiere llevar esta situación hasta una sensación de ruptura, ayudado por la banda sonora de motores en constante funcionamiento, para ocupar la atmósfera de la pequeña sala. Este pequeño poema nos lleva por los callejones sin salida y las angustias del mundo contemporáneo como un engranaje dominante que no indica ninguna salida ni posibilidad de positivización. Sin embargo, el artista juega aquí un cierto rol heroico, al retratar siempre el mundo en una escala en la que puede ser confrontado: se construyen imágenes de personajes que viajan, caminan, se aventuran, inventan caminos, pues se vive con la certeza de que el qué puede ser aterrador siempre lo será dentro de ciertos límites confrontables.

El cruce propuesto aquí a través de Mezcla + Confrontación tiene como último paso la instalación-escenario construida por Paulo Mendes, "Morphing mosh (house#2) / transglobal cultural remix with… con un escenario de telenovela brasileña que representa la inmigración portugue-sa, algunos elementos típicos, un comediante [*gagman*] brasileño y otras curiosidades multiculturales adquiridas en la ciudad de Oporto durante un período de tres días / *work in progress*", quizás por asumir con mayor claridad –y de forma directa– las propuestas de mezcla y confrontación. La obra parte de un principio escenográfico, estructurándose a partir del montaje de un escenario sobre el cual todos los otros elementos (objetos, video) serán dispuestos: se trata de tomar posición frente a la lógica de la exposición, indicando la construcción de una especie de actitud de puesta en escena, de la parodia y del exceso, frente al simple gesto de colocar el trabajo en el espacio y dramatizarlo; para el artista no bastaría con la movilización de un espacio abierto, induciendo al espectador a participar. Así, todos los objetos del mundo son considerados dentro de un ámbito de complicidad con esta propuesta de teatralidad, y basta con llevarlos al escenario, distribuyéndolos de manera adecuada, para construir el deseado efecto conjunto de la actuación. Se moviliza cierto sentido estereotipado, para luego acentuarlo dentro del ámbito escenográfico: la movilización de este gesto en varias capas produce un efecto crítico de distanciamien-to, a través de la exageración, el desenfreno y el humor. Siempre hay una especie de amargura en tales gestos, ya que no hay una apertura lógica para la producción de una alteridad más radical (una construcción así quedaría des-referenciada dentro de tal sistema). Paulo Mendes buscó confrontar las percepciones mutuamente estereotipadas entre Brasil y Portugal, a través de objetos, imágenes y textos que evocan la realidad cultural y social de los dos países: el escenario busca recrear la forma en que una telenovela brasileña (máquina violenta productora de clichés) representaría el interior de una casa portuguesa. Entonces, tenemos como resultado la representación que un artista portugués contemporáneo hace de un escenario de telenovela brasileña que representa el interior de una casa portuguesa. Para construir este desplazamiento, el artista utiliza como recurso la movilización maciza de imágenes hechas, obteniendo resultados por saturación. Al mismo tiempo, preparó un programa de video en el que un actor brasileño lee, con acento portugués, una tras otra, vulgares anécdotas de brasileños sobre los portugueses, repitiendo una vez más los clichés más resistentes que la cultura brasileña perpetúa sobre Portugal; el rostro de este actor está pintado de blanco, como Al Johnson invertido, reforzando una vez más la idea de una "artificialización artificializada" que recorre la instalación. Hay una búsqueda de extrañamiento y distanciamiento de lo más familiar, común y banal.

En este momento del recorrido, cuando abandonamos el espacio de la Central Eléctrica de Freixo, nos gustaría proponer –si aún queda aliento– una reordenación de las etapas de esta visita, con vistas a una visita renovada a cada uno de los trabajos comentados y una valoración diferente de la poética de cada uno de estos artistas: al fin y al cabo, los recorridos, para ser divertidos, deben ser siempre múltiples.

10 El rol del artista como agente de eventos y fomentador de la producción frente a la dinámica del circuito del arte

Propongo hablar sobre el papel del artista como agente de eventos y fomentador de producciones frente a la dinámica del circuito del arte. No voy a leer un texto. Tengo algunas notas acá, haré una secuencia con ellas a lo largo de mi discurso.

La razón, el motivo de este tema, de este asunto, está relacionado con mi desempeño como artista, que también pasa por este tipo de prácticas. Es decir, hay algunos artistas que no se aíslan sólo como productores de su propio trabajo, como creadores inmersos sólo en su propio universo poético y que también desperdician su tiempo, o mejor dicho, transforman el tiempo de producción también en dedicación al fomento, a la producción, la agenciamiento de otros eventos, involucrando a otros artistas, a otros creadores. Ya sea dedicándonos a la edición de publicaciones, ya sea reuniéndonos en grupos estratégicamente definidos en función de determinadas demandas, o realizando curadurías de exposiciones, en fin, todo esto me parece muy importante para salir del estereotipo, de esa imagen tradicional, aún vigente, del artista aislado en su creación, solamente poseedor de una firma y de una obra que, a fin de cuentas, lucha por tener éxito en el circuito (como si fuera posible ser artista en aislamiento).

En cierto modo, la práctica del arte está relacionada con la construcción de grupos, con la constitución de ciertos caminos para que la obra circule, incluso con esa noción, tan en boga últimamente, de comunidad. Si pensamos en toda la Historia del Arte Moderno, incluso en las vanguardias modernas, a principios de siglo, las vanguardias históricas están todas relacionadas con esos agrupamientos que muchas veces son rápidos, muy fugaces –un par de años, dos años, tres años, cuatro años. Estos artistas se encuentran, nadie sabe exactamente cómo, ni por qué, y luego desarrollan una serie de acciones, una serie de prácticas, y luego se separan. Tampoco se sabe exactamente cómo se mueven. Hay una especie de pegamento, un aglutinante que une a las personas en un momento determinado y luego esas personas se separan. Es decir, es imposible no pensar realmente en la producción de arte como un conjunto de hechos aislados, como artistas errantes absolutamente aislados unos de otros. Y así, en los últimos diez años, mi camino como artista también ha estado ligado a este tipo de actuación. Básicamente en Río de Janeiro, a través del grupo llamado Visorama, que creamos a principios de la década de 1990 para producir discusiones y debates en torno a la producción más nueva de una serie de artistas que estaban produciendo y que no tenían comentarios de la crítica, sin acceso a ninguna conversación un poco más concisa sobre sus producciones. No hay circulación efectiva de la producción que se despliega en un debate, en un comentario crítico, en fin, no deja rastro. Este sentimiento es terrible, y fue necesario un grupo de artistas de Río de Janeiro (yo mismo, Eduardo Coimbra, Rosângela Rennó, Valeska Soares, Marcos André, Rodrigo Cardoso y muchos otros[29],

29 Ver nota 1 del texto "Haciendo visible el arte contemporáneo" [publicado en este libro, pp. 17-22]. [N. del A.]

alrededor de diez o doce artistas) para actuar durante uno o dos años una serie de encuentros para hablar de nuestro trabajo, no solo entre nosotros, sino poniendo nuestro trabajo en contraste con lo que considerábamos interesante en la producción contemporánea, brasileña o no, como una forma de pensar nuestro trabajo en medio de una producción más amplia.

Este trabajo grupal se desarrolló en la revista *item*, de la cual Eduardo Coimbra y yo somos los editores. Lanzamos cuatro números en 1995 y 1996. La revista se detuvo y ahora saldrán dos números más. La revista *item* también llevó a la construcción de un espacio en Río de Janeiro llamado Espaço Agora/Capacete, donde Eduardo Coimbra y yo nos unimos a Raul Mourão y Helmut Batista para crear un espacio para exposiciones, performances, videos y debates. He tenido una actuación que pasa por ese tipo de acción. Así que estoy interesado en traer este tipo de problema para una discusión.

Además, en los últimos dos años se ha notado en Brasil la organización de diferentes grupos de artistas en varias capitales del país, lo que me parece un síntoma muy interesante e importante. Cuando pensamos en Fortaleza, con un espacio como Alpendre, en Porto Alegre, con Torreão, en el grupo Linha Imaginária –que en realidad no tiene sede fija: se organiza desde San Pablo, pero propone hacer exposiciones en todo Brasil– cuando pensemos en Río de Janeiro, el espacio que creamos llamado Agora/Capacete y que llamó mucho la atención en solo uno o dos años de existencia, incluso porque había una necesidad de este tipo de acción, de este tipo de espacio. No puedo olvidarme del grupo Camelo de Recife y otros de los que no tengo registro por el momento.

Si nos escapamos de Brasil, vemos varios centros de artistas en Londres, en Portugal; la presencia allí de un grupo llamado Virose, de una galería llamada ZDB que también comenzó con una formación independiente. Se puede ver que todos estos son en realidad más que espacios alternativos, alternativas a la falta del circuito que indica la emergencia de otro modo de organización. De hecho, este modo no comenzó ahora en el cambio de siglo. Data, al menos, de la década de 1970. Típico de este momento fue el surgimiento de una serie de centros de artistas de diferentes países, en distintas capitales del eje Europa-Estados Unidos: centros autónomos de artistas independientes. Por lo tanto, más que un simple trabajo alternativo, creo que este movimiento puede ser un indicio de la necesidad de la invención de otra organización de artistas para pensar la producción de su trabajo, para pensar los problemas de su trabajo frente al ambiente del circuito del arte y a la economía del nuevo capitalismo, al ordenamiento del mundo globalizado, es decir, frente a este gran circuito del arte que hoy se ve híper institucionalizado, moviendo una economía significativa, una gran suma de dinero con sus gran exposiciones, muestras internacionales, bienales, documentas, etc... La presencia de estos centros de artistas parece ser bastante importante. Es necesario señalar que, en los últimos dos años, estos grupos se han multiplicado y han ocupado un lugar destacado en Brasil, al punto que algunos de estos centros independientes han recibido apoyo de empresas como Petrobras, que, por ejemplo, he apoyado, desde 2001, el programa anual de Alpendre en Fortaleza y Espaço Agora/Capacete, en Río de Janeiro. El deseo de una empresa de este porte de asociar su marca a tal iniciativa, sin duda muestra el importante papel que estos centros pueden estar jugando en el tejido nacional brasileño.

Creo que incluso sería interesante pensar en estos centros como un escenario, una punta o algo que da señales para una reforma de este circuito del arte en Brasil. La pregunta entonces permanece: ¿Será que estamos asistiendo a una transformación del circuito del arte brasileño, a una disposición diferente de este circuito, a la emergencia de otra, nueva, conciencia, por parte de los artistas contemporáneos, de cómo conducir su obra, realizando la inserción de su trabajo al frente del circuito y reuniendo una potencia estratégica de su trabajo? Esto significa darse cuenta de la necesidad de estos grupos como fuentes de incentivo a la producción de los artistas, para apoyar su producción o para construir alianzas con otros artistas, con otros centros, etc.

Cuando pensamos en estos centros de artistas a nivel global, seguro que podemos pensar en estas iniciativas en diferentes partes del mundo, en los cinco continentes. Diría sin lugar a dudas que esto también es una reacción, un reformateo del circuito frente al llamado capitalismo globalizado avanzado, frente al biocapital en su nueva forma de funcionamiento, con sus flujos y movimientos no lineales, síntoma de la extrema actualización de su circulación. Los centros de artistas son agrupaciones diferenciadas que consiguen una mayor flexibilidad de movimiento que las grandes instituciones, no simplemente como centros alternativos, sino como agrupaciones que tienen una estructura burocrática minimizada, lo que permite esa flexibilidad.

Bueno, la idea del circuito del arte también me parece importante para situar como una noción que surge con bastante claridad de la práctica de los artistas conceptuales. La noción de circuito frente a un sistema de arte es, en gran medida, responsabilidad de la propia práctica de aquellos artistas a los que se denominó artistas conceptuales, en un momento determinado que se puede fechar entre mediados de la década de 1960 y mediados de la de 1970, cuando esta producción emerge y gana un nombre, una etiqueta y señala a una determinada forma de trabajar. Su preocupación se centró en la toma de conciencia de los personajes del circuito, los elementos, las instancias del circuito del arte como responsables de la producción de sentido en la obra. La práctica de estos artistas informó todo el circuito del arte que construyó una conciencia de sus diferentes roles, ya sea como artista, crítico, galerista, curador, coleccionista, etc. Estos artistas prestaron gran atención a estas relaciones y realizaron trabajos que evidenciaron, con gran lucidez, el papel de varias de estas instancias que vienen a componer el llamado circuito del arte, señalándolas como también responsables de la construcción del sentido de la obra. Hoy, para nosotros, este hecho parece mucho más evidente: el sentido de la obra se construye por el modo en que se circula, por las instituciones, por las que pasa esa obra, por el tránsito que la obra logra construir en sus desplazamientos, ya sea a través del museo, la galería, el centro cultural, ya sea a través del coleccionista, la revista o la crítica. Todo eso trajo a la luz la conciencia de que cada uno de esos momentos también era responsable de la construcción del sentido de la obra. Podemos ver las más diversas acciones que muestran que todas estas interfaces de trabajo también son responsables de la construcción de su significado. Por supuesto, podemos pensar que Marcel Duchamp ya había hecho visible un punto clave de este problema, cuando muestra que todo lo que está dentro de una institución de arte, formateado como obra de arte, adquirirá este significado, cuestionará este lugar de la obra de arte: sus célebres *ready-mades* ya tocan ese rasgo institucional de la obra de arte.

Y la noción de circuito, no hay que olvidarlo, es una consecuencia de esta ciencia o de este campo surgido a mediados del siglo XX, el campo de la cibernética, con su noción de circulación, de sistema, en el que las cosas no se detienen, sino que se articulan a través de ciertos caminos. Cibernética proviene de una expresión griega que significa *hombre de timón, timonel*. La cibernética quiere pensar en la economía de estos circuitos. ¿Cómo circula finalmente la energía? ¿Cómo se transforma? ¿Cómo se regula esta energía? El circuito del arte también está sujeto a una serie de mecanismos reguladores que gestionan su economía interna, la vía de circulación de la obra, los valores, los juegos de poder, etc. Tengo la impresión de que el arte conceptual y el campo de la cibernética son los responsables de nuestra noción de circuito del arte. Se piensa, por ejemplo, que una exposición no se realiza sin la parte publicitaria, sin relación con el mercado, sin interfaz con la crítica, sin relación con las colecciones, etc. Y esas relaciones no son exactamente relaciones que necesariamente tienen que ser exitosas. Exitosas o fracasadas, ya son relaciones. No hay nada que se desperdicie: corresponde al momento de circulación de la obra de arte colaborar para la producción de sentido, ya que agrega elementos para pensar la obra, sin considerarla aisladamente, sino en sus relaciones con estos diferentes campos. Entonces también me parece importante, ya acercándome un poco más al escenario brasileño, pensar que los años 80, esos años infames, en su conservadurismo económico y político de las eras Regan y Thatcher, marcados por el llamado "regreso a pintura" (lo que no deja de ser un estereotipo de la época, porque los 80 no se reducen en modo alguno a esta oleada), son incluso reflejo de una nueva economía del circuito del arte, con un calentamiento a gran escala que permitió una redimensionalización del desempeño de galerías y museos, con el resurgimiento de las publicaciones de arte, por ejemplo.

Las pinturas en sus dimensiones monumentales, la figura del artista como celebridad –muy parecida a la celebridad del mundo de la música pop– son fenómenos de esos años y la llamada vuelta a la pintura trae consigo también una aparente naturalización del circuito del arte. Se perdió un poco la dimensión crítica de este circuito, pensando que lo común del arte –y esta era una sensación muy típica, tal vez incluso estereotipada, de la época– era realmente un circuito que absorbía naturalmente las producciones y que, desde el momento en que los artistas realizaron sus obras, sus pinturas, ya salían del estudio definiendo su circulación, yendo a las colecciones, siendo este el camino a recorrer, sin tensionar las demás instancias del circuito. Hubo una cierta profesionalización del artista, como si este artista profesional debiera incluso aceptar con naturalidad su profesionalización sin pensar en la complicada relación que existe entre la producción de la obra de arte y su transformación en capital. No es que el arte sea responsable de aniquilar un modo de funcionamiento del capital, porque el arte no tiene el poder de transformar por completo estas relaciones. Pero el lugar de la obra de arte en el mundo occidental también ha sido un lugar para desnaturalizar estas relaciones, para no hacerlas tan automáticas, para percibir siempre cómo estos mecanismos pueden ser constantemente desviados, retorcidos, reinventados, y cómo, además cada producción, necesariamente tiene que crear, en cierto modo, una economía para su circulación.

La lógica de circulación de una pintura es completamente distinta de la lógica de circulación de una instalación o una performance. Se puede pensar que un cuadro es un objeto que se transporta fácilmente de un lugar a otro, de la exposición a la casa del coleccionista, sin mayores traumatismos. Y entonces, estos otros tipos de obras tienen que inventar otra economía para su circulación que puede pasar no precisamente por la compraventa de un objeto, sino por otras vías: acercándose, por ejemplo, a los modos de exhibición de la película o del vídeo, a través de la producción de múltiplos, inaugurando otra serie de estrategias para la circulación de la obra. Así, cada tipo de trabajo, cada medio, deberá desarrollar también una economía que no siempre será única, homogénea, uniforme. ¿Qué puede producir una performance? ¿Un registro de video, un DVD, un CD de audio o simplemente la necesidad de una recreación en un nuevo momento? Entonces, más que nunca, cuando pensamos en el circuito del arte en su multiplicidad de medios, posibilidades de expresión y creación, es necesario pensar también en la economía de este circuito, en su trama, de una manera mucho más amplia. Incluso para dar respuesta a esta variedad de formas de acción y demandas. De esta manera, la década de 1980 trajo una peligrosa naturalización del circuito basado en la figura del artista profesional, el artista automáticamente exitoso. Recordando una frase de Roland Barthes –"la victoria del artista es la derrota de la sociedad"– nos damos cuenta de que la relación del artista con la sociedad no es muy simple, y el valor de la obra de arte no es simplemente traducible automáticamente a un valor económico. No existe un paralelo tan simple. La década de 1980 a menudo corría el riesgo de producir una equivalencia entre valores, en el sentido de que "la mejor obra era la obra más cara", sin mostrar el abismo que existe entre el valor económico, el valor artístico y los demás valores asociados a la producción de la obra de arte.

En términos brasileños, me parece que esa consigna del regreso a la pintura –un verdadero estigma– sigue siendo una espina clavada en la historiografía reciente del arte brasileño. Aún queda por hacer una lectura más comprensiva del arte brasileño en la década de 1980, porque los artistas de esos años, que estuvieron directamente vinculados al retorno a la pintura, están de alguna manera mapeados. Encuentran un lugar dentro de esta historia del arte. Pero una serie de otras iniciativas que no pasaron directamente por el retorno a la pintura, aunque muchas veces la toquen, son reprimidas por la Historia del Arte Brasileño reciente, sin merecer un mapeo correspondiente a su importancia. Grupos como "3nós3", "Seis Mãos", obra de Alex Hamburger y Márcia X, por ejemplo, responsables de una serie de acciones relacionadas con la performance e intervenciones típicas de la década de 1980, no están registradas en la Historia del Arte Brasileño. Esta situación incluso revela un vacío, muestra cierta dificultad para desplazar la historiografía brasileña, una falta de flexibilidad, o tal vez una vinculación excesiva de esta Historia del Arte Brasileño (sabemos de las dificultades de investigación y trabajo) a los mecanismos del mercado. Pero cuando uno piensa que estos mecanismos del mercado en Brasil no son tan consistentes –son bastante insignificantes en comparación con otros lugares donde el mercado del arte juega un papel fuerte–, uno se da cuenta de las adversidades y contradicciones en las que vivimos en nuestro país.

Otro rasgo importante a considerar en relación a los grupos de artistas en Brasil es la necesidad que manifiestan de responder a cierta inoperancia de las instituciones. En general, con sus dificultades de financiación, etc., esas instituciones acaban siendo casi escaparates –considerando el lado perverso del voyeurismo– y no instituciones que fomenten la producción contemporánea en su justa medida. Algunas –las más activas– acaban involucrándose incluso en la promoción de la producción, tanto de obra como de pensamiento, superando la dimensión del evento escaparate –en el sentido de mostrar obras, exposiciones terminadas que llegan como un paquete ya pensado, a menudo con altos costos. En general, las instituciones no pueden organizarse en el sentido de fomento, de tener fondos para posibilitar la producción de nuevos trabajos o nuevos pensamientos, a nivel de un laboratorio, un experimento o una publicación, o una construcción de lecturas y discusiones. Las instituciones que actúan así dejan algo que desear. Frente a esto, me parece que estos grupos de artistas buscan asumir la responsabilidad de la producción, de la promoción de la obra de arte, buscando crear mecanismos en los que la práctica de agenciamiento de la obra no esté separada de su producción y de la producción de un pensamiento a ella vinculado. Es lo que sucede, por ejemplo, en un lugar como el Alpendre o en una serie de acciones del grupo Camelo.

Es urgente pensar cómo se procesan las características del circuito del arte en Brasil. Es necesario plantear este tipo de preguntas. Investigar cómo se organizan las colecciones y por qué hay tan pocas galerías de arte. ¿Por qué pervive el cliché que marca la galería como un lugar simplemente mercantil? ¿Por qué esto no puede ser también un lugar de agencia para la llamada producción "avanzada"? Parece claro que el circuito artístico de cualquier país va a estar íntimamente relacionado con la economía de ese país. Obviamente, el circuito del arte brasileño sólo puede ser un reflejo de la economía brasileña, que todos saben que es complicada, profundamente desastrosa en términos de distribución de la renta. Todos conocen los problemas de la economía brasileña. A partir de la dificultad de circulación de la riqueza dentro del país, es claro que el circuito del arte brasileño será un reflejo de esta economía. Todas las distorsiones de la economía brasileña se reflejarán en problemas en el circuito del arte. Quizá debí haber hecho esta pregunta antes, pero es oportuno recordar que muchos de los críticos vinculados a la producción de la década de 1970 tienen textos muy importantes sobre el tema del circuito del arte, sobre la necesidad de construir un circuito de arte para producir arte contemporáneo. Autores como Paulo Venâncio Filho o Ronaldo Brito enfatizaron –esto en 1980-81 o incluso antes– que no hay forma de tener arte brasileño contemporáneo si no hay un circuito de arte mínimamente estructurado. Si queremos observar el arte brasileño, en el momento actual o en cualquier otro momento, veremos que estará en estrecha relación con la estructura del circuito, tal como está en ese momento. Es curioso pensar que el arte brasileño ganó relevancia en el exterior a partir de la década de 1990, muchas veces gracias a la acción de algunas galerías muy bien organizadas para llevar este arte a las principales ferias y grandes exposiciones internacionales.

Con sede en San Pablo, la galería Camargo Vilaça jugó, por ejemplo, un papel muy importante en esto. Pero al mismo tiempo, en el extranjero, la gente se preguntaba (me preguntaron una vez) "¿todos los artistas brasileños que conocemos son de la galería Camargo Vilaça?". Por supuesto, la extrema organización de esta galería y el cuidado con "sus" artistas hicieron circular el arte brasileño en un circuito económico internacional. Por supuesto, una galería defiende el interés de "sus" artistas. Después de todo, es una institución privada. Pero también está claro que una galería no puede albergar toda la producción de un país. Solo abarca una porción que, dada su importancia, no refleja de manera efectiva toda la diversidad de la producción artística en su conjunto. Ciertamente esta organización permitió que buena parte de la producción circulara en otro ámbito. ¿Pero esta circulación no se debió mucho más a un deseo de importar por parte de estos grandes centros que a un deseo de exportar por parte de Brasil? Parece haber prevalecido mucho más el deseo de consumo de otro lugar que aspiraba a imágenes de gran circulación, no estando tan interesado en los procesos de pensamiento. Porque es más fácil exportar los objetos que las lecturas de esos objetos. De hecho, existe una barrera lingüística, que es un factor que complica la situación. Entonces, ¿es que la presencia del arte brasileño en el circuito internacional a partir de la década de 1990 no se debió, al principio, mucho más a un deseo de importar por parte de los grandes centros que a un deseo real de los artistas de intervenir en un cierto panorama? Es claro que, acogiendo y reflejando la economía, el circuito del arte brasileño implica una distribución muy desigual de su capital artístico. Por lo tanto, promueve la circulación de sólo una pequeña parte de la producción. En otras palabras, estas pocas galerías que se pueden organizar mejor no acogen la variedad, la diversidad de toda la producción de arte contemporáneo brasileño.

Y sigue existiendo en este contexto la ranciedad de un cierto elitismo, que no se ve tan notoriamente en los grandes centros internacionales. Una ranciedad muy reaccionaria que refleja la forma en que la élite brasileña trata los valores del arte contemporáneo. Las galerías, esos lugares de paso del arte al mercado, muchas veces acaban contaminándose de ciertos vicios, propios del país, aún con tantos problemas económicos y tantos atrasos... Si pensamos que la reforma agraria todavía está por realizarse en Brasil en 2001, notamos los problemas estructurales de la economía. Y si consideramos que muchos de los grandes recolectores brasileños tienen su base económica en la agroindustria, ya sea en el sector del café, la naranja o la caña de azúcar, por ejemplo. Si recordamos a un coleccionista como Charles Saatchi, un inglés, que trabaja en publicidad, podemos ver cuánto la particular inserción económica también revela y modula la diferente actitud de cada gran coleccionista hacia el circuito. Un publicista tiene una mirada ágil, rápida, una mirada hasta prepotente, arrogante, que cree que automáticamente puede construir o deconstruir la imagen de cualquier cosa. Tal vez un coleccionista cuya base económica está en la agroindustria no tenga a la vista la agilidad de un publicista. No estoy precisamente aquí diciendo lo que es bueno y lo que es malo, sino que solo traigo un dato muy importante para pensar sobre la base económica de un circuito de arte. ¿Cómo caracteriza y constituye esto un circuito? ¿Qué tipo de dinero circula? ¿Cómo se relaciona esto con el juego de los lenguajes contemporáneos? En fin... todo esto es muy complejo en sus relaciones con la producción artística. Es muy interesante y muy importante pensar en la economía del arte brasileño. ¿Qué suma de dinero circula en el arte brasileño en un año? Es desconocido. Probablemente no tengas estos datos. Y si queremos ponernos de pie y entender esa dinámica, va a ser un poco difícil.

No hace mucho, todos vimos una serie de debates en torno a la Bienal de San Pablo, síntomas de una crisis y varios conflictos. Lo que curiosamente se advierte es que se trataba de un debate protagonizado por banqueros. También es interesante pensar en el momento actual, cuando las industrias, las empresas y las grandes corporaciones económicas están interesadas en apoyar la cultura y el arte. Esta es una figura nueva en Brasil, la figura del marketing cultural es una presencia nueva. Empresas como Petrobras, grandes bancos como Banco Itaú o Banco do Brasil con sus centros culturales, crean nuevos datos para la cultura brasileña. Muchas de estas instituciones no están preparadas para pensar en la obra de arte, para poder entender qué tipo de inversión están haciendo, dónde se está invirtiendo el dinero, qué tipo de propuesta se está apoyando, etc. En estos debates en torno a la Bienal de San Pablo, vimos una curiosa polarización entre dos banqueros, Edemar Cid Ferreira y Milú Villela, dos figuras del mundo financiero. ¿Por qué la discusión sobre el proyecto curatorial del director de la exposición ha quedado en un segundo plano?

Ante todo esto, es importante que los artistas tomen conciencia y se den cuenta del poder que tienen en relación con su obra en el sentido de construir lugares de atracción, territorios que sean capaces de llamar la atención y articular una serie de conexiones –esto es no poco, porque parece que producir arte es realmente construir estos lugares especiales, regiones de atracción. Los artistas siempre se han dado cuenta de esto. En cierto modo, siempre han tenido una conciencia difusa de que han jugado el papel de grandes promotores de esta atracción y de que hay una dinámica a percibir, conducir y orquestar en torno a la obra de arte. Y los centros de artistas son precisamente el ejercicio de esta dinámica que, a través de la producción de la obra de arte, la comprensión del juego de lenguajes y su relación con el tejido social y económico, la comprensión de la actitud del artista frente a la circuito y el papel que juega (el debate en torno a la imagen del artista que se construye), deja claro que no hay manera de intervenir, no hay manera de insertar la obra en el circuito sin pensar en la economía de la obra en frente a la complejidad de esta inserción. Esto demuestra una conciencia del papel del artista en relación con todo este tejido y muestra que el artista es siempre un agente de transformación de este tejido. A menudo, uno tiene la impresión de que en la década de 1980, con la naturalización del circuito que estábamos comentando, se creaba en un segundo plano o tercer plano una figura del artista mucho menos importante que la del galerista o el curador. Como si su función fuera simplemente producir algo que se le exige, sin cuestionar en absoluto esa demanda. Y cuando pensamos en el artista como polo de atracción de esta dinámica, se ve que existe la posibilidad de otra manera de pensar.

Por lo tanto, estos centros de artistas muestran ciertamente un aprendizaje, otra conciencia. Cuando vemos un proyecto como Rumos Visuais, de Itaú, mapeando artistas tan jóvenes, es claro que mucho antes de que sean conscientes de su lenguaje, del trámite de su proyecto de trabajo en relación con el tejido del arte brasileño, estos artistas ya están siendo mapeados, clasificados. En otras palabras, en una etapa muy temprana de su producción, el artista ya está siendo invitado, a veces incluso por defecto, a pensar en lo que podría ser esta inserción y tránsito en una red de circulación. Uno puede imaginar el riesgo de que un artista tan joven, mapeado por el proyecto Rumos, se quede atrapado durante mucho tiempo en una clave de clasificación, si no comprende un poco toda la trama que involucra este mapeo. Por otro lado, esta experiencia temprana de inserción, tan nueva en términos brasileños, también es muy importante. Esta toma de conciencia del tejido institucional del sistema del arte implica la toma de conciencia de las estrategias de acción de los artistas, los juegos de lenguaje, la importancia del discurso (el llamado eje lectura-lenguaje) y el pensamiento acerca de la obra de arte. También pasa por una reflexión sobre el papel del artista y su lugar en el tejido social y el circuito. Por otro lado, las agencias y centros de artistas, en su pequeña organización tan poco burocrática, también producen un tipo de institucionalización que podríamos llamar institucionalización minoritaria, no siempre exigiendo el compromiso profesional de un "funcionario" de quienes trabajan con ellas y en ellos. Se trata más de un compromiso de vida, una incorporación de sus exigencias estratégicas a nivel de registro de cuerpo, comportamiento y actitud. Una modalidad de compromiso que no empieza a las nueve y acaba a las seis de la tarde, que empezaría cuando entramos en el horario de la mañana y terminaría cuando salimos al final del día. Pero eso sí, una suerte de compromiso que pasa por la relación entre el arte y la vida. Hay un compromiso que no es el del funcionario, sino el de un tiempo de producción e invención de la institución, de un tiempo de institucionalización que pasa por ese otro lugar, que es también el de la convivencialidad, comprometido con un tipo de sociabilidad que es parte estratégica de la acción.

Una vez, otros artistas de Río de Janeiro y yo enviamos un proyecto a un grupo de artistas en Ginebra –un centro de arte– llamado Attitudes, que nunca visité personalmente. No conozco a los artistas que lo componen, pero sí a un amigo que había hecho una exposición y proporcionó la referencia de este lugar. Luego enviamos por correo el proyecto para una exposición. Y la respuesta que llegó por correo electrónico le agradecía el envío del proyecto, pero decía que no hacían ningún tipo de exposición basada en proyectos, ya que no aceptaban proyectos. Programaron los eventos que querían organizar en base a las reuniones que tenían con la gente. Quiero decir, no nos conocían personalmente, por lo que sería imposible hacer algo allí. Esto podría interpretarse como una actitud de cierre, de exclusividad, del llamado "grupito", agrupación cerrada y exclusiva de determinadas personas, puede ser percibida como un cuidado en el establecimiento de las relaciones que marcarán la conducta de ese centro. Están mucho más interesados en organizar sus actividades sin un aviso público, sin recibir proyectos, según las reuniones. Es decir, un artista lleva a otro, un lenguaje lleva a otro, cierto grupo de ideas lleva a otras ideas. Las afinidades acaban saliendo a la superficie, acaban exteriorizándose. Esto acaba marcando este modo de organización no por una estructura burocrática, definida por avisos públicos o recepción de proyectos, cartas de respuesta estandarizadas, etc. Pero para un dato mucho más orgánico. ¿Por qué esta ansiedad de mostrar todo, todo el tiempo? Basta con un cierto número de eventos, creyendo que los encuentros que se dan en torno a una serie de obras y artistas interesantes conducirán necesariamente a otras obras y otros artistas interesantes. Es decir, pensar el aspecto político de las agrupaciones entre personas, el aspecto político de la sociabilidad. Pensar en la sociabilidad, pensar en los grupos, no simplemente por exigencias burocráticas, económicas, no por la organización de un estatuto, en fin, por compromisos de conducta. Pero, por esas cosas llamadas "políticas de la amistad", para la construcción de otros lazos de trabajo. No simplemente la amistad fraterna, no esa amistad "cristiana", sino la amistad incluso en su dimensión política, que lleva a la construcción de un espacio de diferencia, un espacio de confrontación. Esto realmente agrupa, esto crea convergencia para la nueva forma de trabajar, para todos los aspectos relacionados con la construcción de grupos, espacios de convivencia, espacios de alianzas, de afinidades.

Es claro que existe la determinación de un terreno político revitalizado por la política de la amistad. Porque también hay una dimensión política en estos lazos. Un término muy interesante que plantea el filósofo español

Francisco Ortega es el término "tiranía de la intimidad", pensando en los aspectos políticos de la amistad. Predica una politización de la amistad frente a la tiranía de la intimidad. Lo que él llama la tiranía de la intimidad es precisamente toda la práctica social ligada a la necesidad de compartir un espacio íntimo que acaba eliminando toda diferencia posible entre los agentes. Así, por ejemplo, en una economía como la brasileña, todavía extremadamente conservadora, tan poco moderna en algunos aspectos, ligada a ese lastre casi arcaico en el que se confunden los espacios públicos y los espacios privados, muchas veces ese aspecto de la tiranía de la intimidad caracteriza un espacio obligatorio. Si no compartís la intimidad con los agentes del circuito del arte, si no sos literalmente un amigo, si no compartís cenas, si no compartís secretos íntimos, etc., estás excluido de las posibilidades de frecuentar este circuito de arte. Esto refleja los aspectos más reaccionarios del circuito. Cuando se lanza este término de la politización de la amistad, se piensa en otras formas de agrupación que constituirán otra sociabilidad. Me parece que los centros de artistas son también laboratorios importantes para que estas prácticas sean pensadas, incluso implementadas, con su agilidad, con su desburocratización.

Bueno, ahora me gustaría hacer algunos comentarios sobre estos grupos que mencioné aquí brevemente, para luego abrir un debate. Por ejemplo, el espacio Torreão, en Porto Alegre. No sé si todos acá lo conocen. Organizado y producido por los artistas Elida Tessler y Jailton Moreira, este espacio consiste en una sala de exposiciones vinculada a un espacio pedagógico y didáctico. Las exposiciones sólo tienen lugar en esta sala, y se aseguran de comentar que las exposiciones se realizan gracias a la generosidad de los artistas. Hay una informalidad en las negociaciones. Hay una convivencia y hay un intercambio de ideas. No hay burocratización en el sentido de envío de proyectos, avisos, etc. Depende más de la generosidad del artista, depende de que el artista organice la economía de su acción, depende de que el artista esté predispuesto a ello. Entonces esta es una actitud hacia el trabajo y también es una forma de organizarse diferente a una institución convencional, ya que es una organización que está a merced de las reuniones. Como insisten en decir, no hay curaduría en términos de lenguajes, un filtro en términos de lenguajes. Es una producción contemporánea en sus múltiples vertientes la que circula por allí.

Veamos otro grupo, Camelo, de Recife, que fue inventado, entre otros, por los artistas Marcelo Coutinho, Paulo Meira y Oriana Duarte. Estos artistas se organizaron en 1997, buscando una forma de resistencia contra el regionalismo de Recife. Querían mostrar que sus producciones no respondían sólo a demandas locales o regionales, querían dialogar con el arte brasileño en su conjunto, querían dialogar con los grandes centros, en fin, centros como Río, San Pablo, Belo Horizonte y las demás capitales brasileñas. Querían ser sacados de esa discusión local. También se dirigieron a los centros internacionales. Hoy no se puede ser artista sin pensar en una perspectiva que se proyecte fuera del país. Ya nadie quiere ser artista sólo dentro de su país. Es interesante ser un artista que escapa de tus propias fronteras. Actualmente, el desplazamiento es un valor. Entonces estos artistas organizan una serie de exposiciones en 1997, para discutir su propia producción y construir un pensamiento a partir de su propia producción. Comenzar a construir conexiones políticas fuera de su propio lugar de trabajo. Porque es muy importante escapar del propio lugar de trabajo, ya sea nacional o regional, creando alianzas con otros lugares, con otros centros, con otros artistas, incluso para escapar del juego político que puede constreñir la producción a nivel local. Estos artistas son muy conscientes de la crisis de asepsia de la modernidad. Quieren discutir el valor del desplazamiento, quieren reconocer las diferencias, la diversidad de la producción, quieren buscar una renovación crítica. Están interesados en la producción del discurso. No solo quieren cuestionar la relación entre centro y periferia. ¿Por estar en Recife, están en la periferia? Es necesario construir un recodo del circuito que pasa por ahí. Es necesario construir un centro, hacer de tus obras realmente el centro de atracción. Y son artistas muy conscientes. Piensan en la organización del circuito, piensan en sus estrategias de acción, son conscientes de la necesidad de la acción colectiva y también realizan trabajos en coautoría. Desviarse un poco de esa exigencia de que el artista sea ese ser individual, con su firma individual. Entonces ellos también trabajan en grupos, hacen trabajos colectivos, trabajos en equipo, que son firmados colectivamente. Esta es otra forma de escapar de esas unidades autorales preconcebidas.

Otra experiencia muy interesante es la del grupo Linha Imaginária, concentrado en San Pablo. Quizás algunos de ustedes lo conozcan. Organizado básicamente por los artistas Mônica Rubinho y Sidney Philocreon, me parece una experiencia muy interesante en el sentido de que no es un lugar, no tiene sede ni galería. Es otra forma de organización que piensa en cómo agrupar a los artistas, cómo organizar exposiciones de artistas que están dispersos por todo el país. Artistas que tienen cierta afinidad por el lenguaje y un deseo de evadirse de sus propios lugares de trabajo para intentar hacer circular sus obras en otros lugares, en otras capitales, en otras instituciones. Entonces, el grupo Linha Imaginária construye una especie de mapeo, una especie de base de datos, con una serie de pequeñas reglas mínimamente organizativas, tratando de incentivar a los artistas participantes a tener cierta responsabilidad en su inserción en este grupo. Hay una tarifa de solicitud para que su material sea documentado y archivado. Hay una especie de orden de llegada, una línea que indica los artistas que participarán en la próxima exposición. En otras palabras, este proyecto organiza su propia economía interna y mínima, capaz de mediar la producción de exposiciones, las relaciones con la prensa y los medios. Hay un deseo de producir e intensificar realmente un intercambio cultural, un desplazamiento dentro y fuera de Brasil. Es una especie de trabajo voluntario de los artistas, que se organizan ellos mismos. Ya existe una base de datos de varios artistas, un sitio web y un extenso currículum de exposiciones realizadas entre 1997 y 2001, pasando por varios estados como Pará, Ceará, Santa Catarina, San Pablo, Goiás, Rio de Janeiro, Rio Grande do Sul, Paraná, Minas Gerais y Bahía. El grupo Linha Imaginária es un ejemplo muy claro de un grupo de artistas que desarrollan y exteriorizan la conciencia de que hay un circuito con muchas limitaciones y que es necesario implementar algún mecanismo que reinvente ese circuito, que pueda crear una forma de intervenir y buscando lagunas, traer nuevos datos, agrupar artistas y crear experiencias interculturales entre artistas.

Un cuarto ejemplo es el Espaço Agora/Capacete, en el que participo. Este nombre Agora/Capacete se debe a que el espacio reúne dos centros de curaduría diferentes, dos centros de agencia diferentes: el núcleo Agora y el núcleo Capacete. Pensamos que sería más interesante mantener dos centros, con diferentes líneas de actuación, trabajando juntos. El Espaço Agora/Capacete tiene un slogan que es el siguiente: "Creemos que el mejor lugar para la aparición de la obra de arte depende de su propia estrategia".

Quiero decir, una obra de arte no necesariamente tiene que aparecer en la galería o museo. Ella puede aparecer en cualquier lugar. Y en su estrategia de aparición, estará ligado a la estrategia lingüística con la que se involucra. La idea del Espaço Agora/Capacete nació a finales de 1998, en Río de Janeiro, por iniciativa del artista Helmut Batista, que organizaba exposiciones en su propio departamento. Luego, estas exposiciones se trasladaron a otros lugares alquilados en la ciudad, o instituciones con las que desarrollamos relaciones. Finalmente, a partir de mayo de 2000, inauguramos un local que se convirtió en la sede del Espaço Agora/Capacete, conteniendo una galería y una oficina. El hecho de contar con una sala y una oficina permitió la existencia de un punto de referencia, con la posibilidad de organizar tanto exposiciones como eventos, películas, videos, debates, etc. La idea es dinamizar y traer alternativas a la producción y circulación del arte contemporáneo. El hecho de que sea un centro gestionado por artistas proporciona una relación directa, con pocos intermediarios, entre los expositores y la producción de eventos.

Una pregunta que surge de inmediato es: ¿cuáles son los eventos que promueve Agora/Capacete? Creo que este es un problema para todos los centros de artistas. Incluso hay una gran complicidad, una gran relación de los eventos que se promueven con estos artistas individualmente; en este caso, los artistas que organizan el Espaço Agora/Capacete, cada uno tiene su obra individual, el juego de lenguajes con el que están involucrados. Los artistas con los que queremos trabajar tienen relaciones con nuestro trabajo personal. No queremos crear un espacio en el que no nos veamos representados. También es un espacio para que multipliquemos nuestro trabajo y generemos alianzas. El Espaço Agora/Capacete ganó recientemente el apoyo de Petrobras para un año de programación. Un apoyo que permitirá la realización de seis exposiciones, dos números de la revista *item* y una web que se puso en marcha hace tres semanas. Estamos tratando de hacer lo que hemos estado haciendo con un apoyo económico mínimo, ahora con más equipo y ciertas comodidades para el trabajo, lo que garantiza que nuestros eventos sean más eficientes.

Otro lugar muy importante es el espacio Alpendre, en Fortaleza. Con actividades en diversas áreas como literatura, danza, video, cine y fotografía, Alpendre cuenta con un área de artes visuales coordinada por el artista Eduardo Frota. Ahora, también realizará eventos con el apoyo de Petrobras. Alpendre tiene una galería y también promueve un taller de una semana, en el que los artistas se ponen en contacto con el público local de Fortaleza, con otros artistas y con estudiantes. Cada artista dedica una semana a desarrollar alguna actividad y luego tiene una exposición. Tuve la oportunidad de hacer un trabajo en Alpendre a principios de agosto de 2001 y me pareció bastante interesante. Para mí fue alentador y muy significativo, dada la naturaleza de mi trabajo. Propuse un trabajo que requería la participación de la gente, socializar, etc. Y la posibilidad de hacer una obra con este tipo de implicación es completamente distinta a la de exponer en una institución en la que no hay gente implicada. Incluso pudimos intercambiar una serie de informaciones, ideas, conversaciones sobre las posibilidades entre Alpendre y Agora/Capacete, tanto diferencias como afinidades.

Coincidentemente, una semana después Eduardo Frota estaba en Río de Janeiro. Y pudo él hablar de su proyecto Alpendre no Agora/Capacete también. Pudimos transmitir una serie de informaciones sobre el rol de Alpendre en Fortaleza incluso diferente del rol de Agora/Capacete en Río de Janeiro, de la presencia de Alpendre como una institución promotora efectiva de la producción en Fortaleza. En otras palabras, promover la creación de nuevos trabajos, el encuentro de nuevos artistas con otros artistas y también permitir que estos nuevos artistas discutan sus produc-ciones y realicen trabajos, a diferencia de otros lugares que apenas reciben exposiciones listas, como los Centros Culturales que reciben todo listo y que, por tanto, no tienen el rol de promotores. Me pareció francamente que Alpendre también pasa por este tema de la incorporación en términos de arte y de vida, de las exigencias de esta organización, de esta pequeña institución, con la práctica de estos organizadores. No son simplemente funcionarios, sino personas comprometidas en el fomento de la producción del debate del arte contemporáneo.

11   ¿Y AHORA?

El siguiente texto sirve como presentación del curso de una serie de acciones coordinadas por artistas, realizadas en Río de Janeiro en poco más de diez años. Es un proceso singular –dentro del cual me vi cautivado y con el que actué intensamente– que articula las acciones del grupo VISORAMA, la creación de la revista item *y la implementación y operación de la agencia AGORA. Se agrega una posdata al texto, escrita especialmente para esta publicación. Creo que la historia aquí presentada puede contribuir a las discusiones sobre las iniciativas de los artistas, tan importantes asumidas en el actual marco de relaciones de una economía de la cultura a principios del nuevo siglo.*

El 11 de septiembre de 1999, con la presentación de las exposiciones individuales de Laura Lima (*O Puxador*) y Raul Mourão (*Sintético*) en la galería Fundição Progresso, en Río de Janeiro, se inauguró el AGORA –Agencia de Organismos Artísticos. "Dinamizar y traer alternativas a la producción y circulación de arte contemporáneo en Río de Janeiro" –este ha sido el objetivo expresado por la agencia desde su creación. Coordinado por los artistas Eduardo Coimbra, Raul Mourão y yo[30], durante dos años y medio AGORA trabajó en sociedad con Capacete Entretenimentos, coordinado por Helmut Batista, formando el Espaço Agora/Capacete, con sede en la calle Joaquim Silva 71, en Lapa. A partir de enero de 2002, la sociedad se disolvió y cada una de las agencias siguió su propio camino. En las siguientes líneas, dibujaré un breve guión para discutir las acciones

30   Es importante registrar acá la dirección de producción de Luiza Mello, responsable del soporte organizativo de las actividades desarrolladas por AGORA.

de AGORA en el circuito del arte brasileño e internacional, señalando tópicos que han emergido durante esta práctica como especialmente significativos. Es importante señalar que el modelo de conducción de la agencia es un programa abierto, que pone mucho énfasis en el aprendizaje durante la experiencia, una especie de "pedagogía pública" tan decisiva para el campo del arte.

Es crucial comenzar destacando que la creación de AGORA no fue en modo alguno un gesto aislado en el transcurso de sus tres artistas-directores: desde 1988 (al menos) los tres venimos trabajando juntos en proyectos de acción y reflexión sobre el circuito de arte brasileño; es decir, esta agencia surge de una cierta experiencia laboral acumulada y de una integración previa de los artistas-directores en varios proyectos realizados en común. Coimbra y yo participamos activamente en la creación y actividades del grupo VISORAMA, formado por artistas contemporáneos de Río de Janeiro[31]. Entre 1989 y 1994, VISORAMA funcionó inicialmente como un grupo de estudio para luego organizar conferencias y debates en los que se discutía el trabajo de los artistas del grupo –y el circuito brasileño– dentro de una perspectiva internacional; se organizaron conferencias (en Parque Lage, Río de Janeiro, 1991/93 y en la Oficina Oswald de Andrade, San Pablo, 1993), tres simposios ("Visorama en la UFRJ" y "Visorama en Documenta", ambos en 1992 y "Visorama en Venecia", en 1993) y una participación colectiva en el Foro de Artes Visuales de Brasilia (1993). Para todos los participantes, significó una toma de posición en relación al circuito, apostando por una imagen del artista no sólo preocupada por el rumbo de su producción en un mercado del arte ultra restringido, sino también con las conversaciones y comentarios críticos que sus intervenciones podían despertar; sobre todo, con la construcción de un lugar menos pasivo del artista frente al circuito. No podemos olvidar que la mayoría de los nombres involucrados habían comenzado a trabajar en la década de 1980 (yo, Modé, Marcus André y Analu Cunha, por ejemplo, participamos en el célebre "¿Cómo estás, Generación 80?", organizado en 1984

---

31 Los principales participantes de Visorama fueron Carla Guagliardi, Eduardo Coimbra, João Modé, Márcia Ramos, Marcus André, Ricardo Basbaum, Rodrigo Cardoso, Rosângela Rennó y Valeska Soares, a quienes luego se sumaron Analu Cunha y Brígida Baltar. Mantuvieron relaciones de afinidad y proximidad Maria Moreira, Márcia X y Alex Hamburger, entre otros.

en el Parque Lage), habiendo vivido, por tanto, un momento particular en su configuración, en el que el valor económico parecía importar más que los demás valores en juego en el dinámica del arte: era la época del "retorno triunfal de la pintura", y tanto a nivel local como internacional las galerías coordinaban las acciones. En esta cadena de relaciones, el artista era quizás el menos importante, reducido a una figuración pasiva frente a otras instancias. En 1992, en un texto producido a cuatro manos (y que, en ese momento, se negó su publicación en el Suplemento Idéias, del *Jornal do Brasil*), escribimos:

> (…) los años 1980 estuvieron marcados por un falso antago-nismo entre crítica y pintura, nefasto para ambas, anulando el espacio de la crítica, suplantado por los valores del mercado, y restringiendo la pintura al placer de pintar. Para los ideólogos de la Generación 80, la pintura sería "independiente del discurso verbal de la crítica", en una postura que reduce el objeto artístico a una condición pasiva, contemplativa y esteticista. Esta postura reduccionista estaba tan arraigada en el circuito del arte (en Río de Janeiro) que contaminó no sólo a la crítica sino también a los museos y al mercado, haciéndolos incapaces de ubicar correcta-mente los segmentos activos de la producción contemporánea. En realidad, esta pasividad lleva implícita una conceptualización del artista como subproductor, de quien se espera que produzca de acuerdo a las expectativas ya delineadas por un circuito que no acepta ser cuestionado y transformado por la actividad artís-tica, y donde las voces de la crítica –dispensadas por la prensa o ocupado en reuniones institucionales– se reduce, como máximo, a tres minutos de charla en el calor del vernissage.[32]

Ante este panorama, Visorama significó un importante momento de movilización de estrategias contra el circuito, en el que los artistas actuarían también como agentes de los caminos a recorrer –ya no sólo los tortuosos

32 Eduardo Coimbra, Ricardo Basbaum. "Haciendo visible el arte contemporáneo". Reeditado en *Arte Contemporânea Brasileira: Texturas, dicções, ficções, estratégias* (Org.: Ricardo Basbaum). Contra Capa. Río de Janeiro, 2001; (2ª Edición: Circuito/Hedra. San Pablo, 2021) [incluido en este volumen, pp. 17-22].

y excluyentes del (en su mayoría anacrónico en su funcionamiento y casi siempre conservador) mercado del arte. Es cierto que Márcia Ramos y yo ya habíamos participado en todas las acciones del grupo Moreninha, en 1987 (que, en mi opinión, puso fin a la llamada Generación 80). Estas acciones se dieron en relación con la prensa, la crítica y el provincianismo del circuito y marcaron una reanudación, por parte de los artistas, del habla y discurso reprimido por la baja voracidad del comercialismo del momento.[33]

Visorama fue también muy útil como experiencia de contactos con otros agentes del circuito (críticos, artistas): las relaciones ya no podían construirse en cuanto individuos (estas se hacen y se deshacen mientras uno está vivo y alerta, en el azar de la existencia individual y en sus propias estrategias de seducción) sino en conjunto, como un grupo constituido. Así, pudimos realizar entrevistas con Michelangelo Pistoletto y Alfredo Jaar, encuentros informales con Mike Dion, Anthony Gormley y Bill Woodrow, un paseo por la ciudad con Barbara Kruger, conversaciones privadas con Waltércio Caldas o Cildo Meireles, etc. En cada una de estas situaciones, el "grupo" fue vivido como prototipo de una estructura dotada de autonomía propia, identificada por el otro como estructura de inter-locución. Pero esta agrupación mantuvo fuertes huellas de informalidad en su funcionamiento (qué bien…), sin llegar a construir una economía interna propia; cada uno invirtía de acuerdo a su tiempo y disponibilidad y con los años la dispersión fue inevitable.

Sin embargo, el esfuerzo desplegado en esa organización –en especial los gestos de ordenación, clasificación e interpretación de un banco de imágenes centrado en la producción artística brasileña e internacional de principios de la década de 1990 y las principales corrientes de la con-temporaneidad, que llegó a contener más de 2000 diapositivas– y los resultados positivos como conquista de un espacio que sustenta nues-tra propia producción como artistas, terminaron por desembocar en la creación de la revista *item* (editores fundadores: Eduardo Coimbra, Raul Mourão y yo), cuyo primer número fue lanzado en junio de 1995. Hubo

---

33 Sobre las acciones de A Moreninha, ver "Geodemas de Uá Moreninha", de Eneas Valle, reeditado en la colección mencionada en la nota anterior, y mi texto "Cerebro cremoso al caer la tarde". *O Carioca*, 5, *RioArte*, Río de Janeiro, diciembre de 1998 [incluido en este volumen, pp. 23-29].

un episodio muy concreto –contribuyendo a intensificar un sentimiento de urgencia– lo que llevó a la creación de la revista: los tres habíamos participado en la exposición "Escultura Carioca", junto con otros 15 artistas, la mayoría de los cuales eran compañeros de trabajo y compañeros generacionales, que compartían entre sí varias aventuras[34]. A pesar de haber sido concebido como una forma de reconocer la "fuerza de la reciente producción tridimensional de la ciudad de Río de Janeiro" (texto institucional introductorio), ninguno de los dos breves ensayos encargados para el catálogo –escritos por críticos de competencia ampliamente reconocidos– buscaron acercarse a las obras y trayectorias de los artistas involucrados, acercándose a las obras y extrayendo líneas de análisis crítico y de reflexión: aunque de excelente calidad argumentativa y consistencia teórica pasaban por las obras, discutiendo las raíces del proyecto moderno y sus aspectos escultóricos, buscando referencias en Cézanne, Brancusi, Tatlin y el Constructivismo. Había cierto descontento entre los artistas por no tener su obra mínimamente discutida en el catálogo: siempre se espera que ocasiones de este tipo sean aprovechadas como oportunidades efectivas para demarcar avances en el campo crítico, de manera que el evento señale realmente la presencia de una discusión en curso, caracterizando las obras presentadas como portadoras de alguna contribución al debate contemporáneo. Ante esta ausencia, las obras corren el riesgo de ser simplemente abandonadas en el espacio expositivo a merced de un juego de comentarios excesivamente empíricos. Después de todo, en los aproximadamente cuatro años de práctica del grupo Visorama (y algunos artistas del grupo se encontraban entre los participantes) se trabajó exactamente en la dirección opuesta: buscar comprender los temas involucrados en nuestro trabajo para discutirlos junto con la producción contemporánea nacional e internacional. Entonces, comprender que se desaprovechaba una oportunidad como esta (además, cosa excepcional, si tenías un catálogo a mano) causó cierto malestar entre nosotros. A mí, en particular, esta situación me generaba incomodidad, ya que me involucraba –en ese momento con cierta regularidad– en la construcción de

---

textos críticos, siendo frecuentemente invitado por colegas a comentar sus producciones: "por qué la crítica establecida siempre se puso tan distante, sin correr el riesgo necesario de pensar en una producción aún no legitimada en determinadas instancias del circuito?" A partir de un diálogo constante con Eduardo Coimbra, elaboré un pequeño texto, en forma de apuntes, para el debate que tuvo lugar en torno a la exposición, en noviembre de ese año. Este texto –sin mayor revisión, manteniendo su forma de discurso oral– terminó siendo publicado en el *item-1 textos de artistas,* sirviendo de detonante para la creación de la revista. Desde sus inicios, *item* se comprometió a renovar el discurso crítico del arte brasileño, "dentro de la perspectiva del campo expandido (…) bajo el signo de la Transdisciplinariedad (cruce y superposición de varios campos del conocimiento) e Intermedia (libre tránsito entre diferentes medios de expresión, con el uso de diferentes materiales)"[35].

La creación de *item* significó, para nosotros, un paso más allá de Visorama, en el sentido de poder propiciar el desarrollo de preguntas, propuestas e ideas que trabajasen en resonancia con nuestra producción plástica. Decidimos legitimar el lugar del "artista-editor" –asumiendo y gestionando los choques producidos en esta fricción de intereses que no siempre convergen– y establecer un camino editorial que reuniera a pensadores de distintas áreas, garantizara espacio para textos de artistas y también presentaran en sus páginas proyectos gráficos originales de artistas. Estas intenciones se expresaron en la contraportada del primer número:

Item aproxima arte y pensamiento.

Item está abierta a todos los temas, a colaboradores de todas las áreas, favoreciendo el enfrentamiento y el intercambio entre las diferentes disciplinas.

Item ambiciona construir un espacio de intervención, sirviendo de apoyo y visibilizando los debates culturales.

---

35 E. Coimbra y R. Basbaum, "Haciendo visible el arte contemporáneo", *op. cit.* [incluido en este volumen, pp. 17-22].

Item, en cada número, se organizará en torno a un tema, enfatizando enfoques transversales, diferenciados y originales, declarando el lugar inusual como el espacio necesario.

Item transmite ideas e imágenes Las páginas centrales siempre estarán ocupadas por un dibujo inédito.[36]

Desde un inicio, la acogida de la revista fue excepcional, tanto por parte de los colaboradores como de los lectores, generando una demanda que nos llevó paulatinamente a la necesidad de buscar formas de organización y administración compatibles con el proyecto. Durante mucho tiempo nos ocupamos con un debate sobre el tipo de revista que deberíamos producir, en qué formato, periodicidad, etc. En un momento incluso se pensó en periodicidad bimestral, anuncios a cuatro colores en todas las portadas –pequeños delirios sugeridos por productores bien intencionados, pero que no percibían *item* en su correcta inserción en el circuito, como si no hubiera lugar– y, efectivamente, no hay, en el sentido de una inserción segura y regular, para vehículos que escapan a las determinaciones hegemónicas del mercado y apuestan por una inserción de otro ámbito. La determinación de construir nuestra posición como "artistas-editores" terminó impulsando el proceso de formateo, en el sentido de que la edición de *item* sea un factor de retro-alimentación constante para nuestras prácticas plásticas y aventuras artísticas. Hoy existen 6 números publicados e *item-7* está en proceso de edición.

Una revista es un vehículo extremadamente importante de aglutinación de fuerzas y organización del pensamiento; es difícil evaluar, sin embargo, el alcance de sus posibles efectos en tan corto plazo –pero ciertamente el camino construido por la trayectoria Visorama-*item* ha demostrado ser valioso como un telón de fondo sobre el cual se articulan y despliegan las estrategias de inserción de AGORA. Señalo aquí la importancia de estos pasajes: nada en un sentido lineal y evolutivo; apenas desplazamientos de una situación a otra, en la medida en que ésta se anuncia como renovadamente productiva, como si los mismos temas se reactualizaran

---

36 *item-1 textos de artistas*, Río de Janeiro, junio de 1995. Una descripción del contenido de este y otros números ya publicados se encuentra en el sitio web <https://item.art.br>.

siempre en diferentes formas de acción. Así, cuando Helmut Batista, en agosto de 1998, decidió inaugurar el Espaço P[37], terminó –consciente-mente o no– por vincularse de inmediato precisamente a este grupo de artistas, que desde hacía algunos años venían construyendo relaciones de agenciamiento vinculadas al arte contemporáneo dentro del circuito del arte carioca y brasileño. Haber realizado esta muestra en el Espaço P, debo reconocerlo, fue de gran importancia para mí: era prácticamente la primera vez que presentaba un trabajo individual en parceria con un agente de producción que "habla el mismo idioma" que yo (casi todas las exhibiciones individuales anteriores se habían realizado en espacios expositivos pertenecientes al poder público y centros culturales), donde el abismo entre agencia y producción no se caracterizó como "abisal", es decir, esta vez había alguien que creyó, apostó e invirtió en los proyectos que presentaba, en una posición de proximidad (muy importante…) y en una dimensión que evitaba las habituales trabas burocrático-institu-cionales. Trabajar el agenciamiento del evento en un contacto tan directo tuvo el efecto de una expansión inmediata: se abrieron muchas posibili-dades en el sentido de emprender esfuerzos en la construcción del lugar mismo del evento artístico: "así caen las bombas: en al mismo tiempo se prepara el terreno, se constituyen albergues y se celebran las fiestas". Es decir, invertir en la producción de un campo crítico (*item*); desarrollar un lugar caracterizado desde su cruce; establecer contacto con un público, configurando así un espacio de acción. Aún en 1998 iniciamos las primeras conversaciones; de ahí surgiría el Espaço AGORA/Capacete, sumando las fortalezas y las diferentes trayectorias de Helmut Batista, Eduardo Coimbra, Raul Mourão y yo[38].

Desde el inicio de este trabajo conjunto, estaban claras las diferencias en la concepción de cada uno de los organismos; diferencias –nunca

---

37 Las dos primeras exposiciones en el Espaço P fueron "G. x eu", en la que presenté un diagrama y un libro offset, y "último", de Ana Infante. "G. x eu" se convirtió en vídeo, dirigido por Raquel Couto.

38 Está bueno aclarar que esta narración es de responsabilidad exclusiva de su autor, quien aquí no habla 'en nombre' de sus colegas. Luego, existen al menos tres narraciones más autorizadas sobre los despliegues que informo aquí. Por suerte.

disimuladas– que tratamos de caracterizar como "líneas de curaduría" y "modelo administrativo". No es casualidad que los dos proyectos se hayan desarrollado de esta manera: ciertamente hay varios rastros de una discusión sobre el lugar de la curaduría y sus estrategias de acción en el agenciamiento del evento de arte contemporáneo; o, si se quiere, una investigación sobre el papel del "artista como curador"[39] (que en la perspectiva de este texto, se asocia al "artista como editor" y "artista como crítico"). Durante las primeras discusiones para la concepción de este proyecto, se consideró la creación de una sola agencia, coordinada por todos; sin embargo, Helmut Batista ya tenía claro los rumbos que quería implementar en su Capacete Entretenimentos, por lo que, siguiendo su sugerencia, decidimos crear dos frentes de trabajo diferentes, cada uno con su propia identidad y lógica de funcionamiento. Capacete Entretenimentos no enfrenta el desafío del funcionamiento colectivo, siendo coordinado por Helmut Batista, quien deja una huella muy personal en todas las exigencias de su accionar. Además, proveniente de una larga y exitosa experiencia en el circuito del arte europeo –donde está representado por galerías en varias capitales– Helmut conduce su Capacete Entretenimentos con menos ansiedad por una respuesta inmediata del circuito, pudiendo lanzar una mirada alrededor menos constreñida por los hábitos y vicios de quienes ya están inmersos en el campo contextual local. En contraste, AGORA es administrada por tres directores (es decir, un grupo), lo que la hace menos personalizada y más burocratizada; además, inmersos 'hasta el cuello' en la realidad local (en una zambullida de casi veinte años), sus experiencias con el circuito del arte distan mucho de ser simplemente exitosas, manteniendo, por el contrario, las marcas de un perverso recomenzar a cada nueva actividad (ausencia de registro, repertorio, historia). El Espaço Agora/Capacete, mientras funcionó, fue ese verdadero agregado de agencias, un doble compuesto que combinaba diferentes actitudes y experiencias que se complementaban mutuamente, fuera a través de una intensa red de contactos locales y nacionales y una credibilidad ganada en proyectos anteriores (Visorama, *item*, etc); o inscribiéndose en un ágil circuito internacional de artistas y galerías, permitiendo traer a Brasil

39 Publiqué "O artista como curador" en el catálogo *Panorama da Arte Brasileira 2001*, Museo de Arte Moderno de San Pablo, 2001, pp. 35-40 [incluido en este volumen, pp. 55-62].

varios nombres que de otro modo no nos llegarían aquí (los costos y la burocracia involucrados en una acción a través de los mecanismos de un museo cambiarían por completo la naturaleza de concepción del proyecto). Tarde o temprano –era previsible– las diferencias se agudizarían, y el nomadismo característico de Capacete Entretenimentos, por ejemplo, no lograría aguantar la estrategia de gestión casi empresarial implementada en AGORA en un cierto período; o la estrategia de programación visual desarrollada para AGORA[40] no sería capaz de igualar los movimientos gráficos adoptados desde el principio por Capacete Entretenimentos. No importa si separados o juntas, la presencia de estas dos agencias deja huellas tanto a nivel local como nacional, prometiendo –se espera– futuros despliegues. Y, también en términos de relaciones internacionales, AGORA y Capacete, cada una a su manera, se viene constituyendo como importantes referencias para curadores, artistas y críticos que visitan Río de Janeiro: a menudo incluyen las agencias en sus agendas de viaje –señal de que efectivamente un pliegue, un desvío del circuito establecido se ha implementado y se encuentra activo.

Gran parte del tiempo invertido en las agencias se ha dedicado a discutir qué modelo de trabajo es el más adecuado y compatible con las acciones y formas de inserción pretendidas; ¿qué formato interesa implementar, bajo qué carga administrativa? En este esfuerzo de constante dibujo y re-dibujo –más de invención que de simple búsqueda–, se destacan enseguida algunos aspectos (aclarando que a partir de ahora me refiero principalmente al AGORA, organismo del que soy codirector):

- en el proceso de agenciamiento se entra en un campo de juego y disputa de lenguajes y poéticas contemporáneas, en el que los mecanismos de agenciamiento son ya un proceso de elaboración de lenguajes y límites de acción. En el caso de los "curadores-artistas", hay una inevitable complicidad entre los lenguajes de agenciados y los lenguajes adoptados por los agenciadores en sus propios procesos de trabajo (un juego de resonancias internas que puede ser muy rico). Es fundamental transparentar los entresijos de este proceso a través

40 En un interesante proyecto de identidad visual propuesto por la oficina Stolarski I Pontes.

de discusiones continuas, como escape al automatismo del hábito y búsqueda de un plan de intervención en las configuraciones del circuito contemporáneo. En un primer momento de su trayectoria, por ejemplo, los principales eventos producidos por AGORA tuvieron como protagonistas nombres que en los últimos diez años compartieron varias aventuras relatadas aquí (Brígida Baltar y João Modé, por ejemplo[41], estuvieron involucrados en varias acciones de Visorama e *item*); se vuelve casi automático compartir una nueva etapa de trabajo con ellos. Para un segundo momento, estas direcciones tienen que ser reformuladas, articulando con mayor énfasis, por ejemplo, la presencia de artistas de otros estados y países con proyectos similares al nuestro o incluso respondiendo directamente a problemas anunciados con mayor urgencia por el circuito.

- la determinación de la escala del proyecto se vuelve problemática en el contexto brasileño. Si bien es claro que la fortaleza de la agencia AGORA como productora cultural reside en sus dimensiones pequeñas y no burocratizadas, que le otorgan agilidad y flexibilidad en su actuación, una serie de mecanismos de apoyo, financiamiento y evaluación están orientados por los efectos y acciones solamente cuando contabilizados en términos de amplia resonancia: compromiso cuantitativo con el público, retorno institucional del patrocinio, presencia en los medios (la mayoría de las veces sólo hay interés en proyectos que involucran un gran volumen de recursos, dejando abandonados aquellos de inserción menor, más sutil, transversal, menos impactante, más enrarecida). Un desafío –vinculado a mi modo de ver a la supervivencia misma del proyecto– reside en insistir en una pequeña escala de funcionamiento, mejorando el poder de regateo de los recursos en diversos tipos de fuentes (gubernamentales, privadas, fundaciones, agencias de fomento, etc.). Sobre todo, esta tarea también debe ser pensada como una invención de posibilidades, escapando en lo posible del proceso homogeneizador de la máquina administrativa y de producción –que poco a poco puede imponer su ritmo un tanto perverso y desviar en su propio provecho las mejores energías involucradas en el proyecto.

41 Brígida Baltar realizó su proyecto en septiembre de 2001, João Modé en julio de 2002.

- un aspecto vinculado al punto arriba condujo el AGORA al desarrollo de una capacitación propia que incorpora "requisitos profesionales adecuados para interactuar en estos nuevos tiempos y competir por recursos financieros con fuertes organizaciones culturales de carácter privado que consumen millones de dólares en exenciones fiscales"[42]; como ya se mencionó, esta instrumentación es importante, siempre y cuando escape de las trampas del aparato de captura y el proyecto no esté acostumbrado a esta forma de captura solamente.

- también es necesario determinar cuál es el perfil institucional propio de una "agencia":

> Una "agencia" no es una galería de arte, no es una oficina de arte, no es un centro cultural, no es una tienda, no es una cooperativa de artistas. El concepto de "agencia" se acerca a la idea de "prestar servicios artísticos", de producir valores e intervenir en un determinado campo cultural. (…) AGORA está formada por artistas que se dedican a la producción de arte contemporáneo. Por tanto, los "servicios" que podemos ofrecer pasan directamente por los lenguajes que estamos movilizando en nuestros trabajos, en nuestra práctica y actuación como artistas. Nuestra agencia produce textos, posibilita exposiciones, organiza conferencias y debates, realiza proyecciones de cine y video, comercializa trabajos de arte y ediciones de múltiples artistas. Todas estas actividades se inscriben dentro de la posibilidad de utilizar los lenguajes del arte contemporáneo, aquellos en los que estamos comprometidos. El arte contemporáneo nos brinda herramientas para la producción de la Realidad, visibilizando un campo de interrogantes y problemas. (…) [La] agencia AGORA no quiere competir con instituciones de arte establecidas, enfrentarse a museos o galerías y luchar por esta forma de poder dentro del circuito. Tampoco

42 Paulo Sergio Duarte, "Agora Aqui", carpeta de la exposición "Outra Coisa", Museu Ferroviário do Vale do Rio Doce, Vila Velha, octubre de 2001 a enero de 2002. Cabe señalar que entre julio de 2001 y julio de 2002 el Espaço Agora/Capacete fue patrocinado por Petrobras, dentro del Programa Petrobras Artes Visuales, habiendo desarrollado con esos recursos cuatro eventos coordinados por AGORA, dos por Capacete, implementado el sitio web <www.agora.etc.br> y publicado dos números de la revista *item*.

quiere quedarse en un espacio marginal alternativo, sin tener acceso o participar de los acontecimientos. Queremos instalarnos en una región que aún está vacía, dentro del circuito brasileño, lo que permite agilidad para realizar iniciativas que, de lo contrario, tendrían que desgastarse en la burocracia de las grandes instituciones.[43]

Quizás el principal rasgo a destacar sea la gran flexibilidad que implica el concepto de "agencia", a la vez vehículo y objeto final del proyecto, mediante esta maleabilidad es posible desplazarse de exigencias prácticas y productivas, dotando el proyecto de una importante herramienta de acción. Funcionar como agencia es invertir en un ajuste entre la forma de acción y el modelo proto-institucional sin perder el potencial de transformación.

- otro factor para actuar en esta modalidad de procesos colectivos puede alinearse como "fuerzas de intensidad de las líneas entre el arte y la vida". De hecho, el esfuerzo de llevar a cabo una agencia centrado en el arte contemporáneo, tal y como se traza aquí, conduce inevitablemente a cruces en los que las exigencias de la obra no están absolutamente aisladas del vértigo de la urgencia existencial (nada de expresionismos apresurados, sino de una esfera de compromiso atravesada por ese "plano de inmanencia" que "no contiene más que virtualidades" "que no hacen más que actualizarse en los sujetos y en los objetos", deslizándose "sólo entre-tiempos y entre-momentos"[44]) de los flujos de la vida. Es necesario estar disponible a tales oscilaciones y formatear las acciones sin perder de vista este horizonte en el que la certeza y la conciencia absoluta se dejan involucrar por otros magnetismos de una modalidad *pática*[45]: las poéticas que trabajan en los pasajes entre

43 Eduardo Coimbra, Raul Mourão, Ricardo Basbaum, "Agora", publicado originalmente en <www. agora.etc.br/textos_agora.html> (enlace fuera de línea) [incluido en este volumen, pp. 40-41].

44 Gilles Deleuze, "Imanência: uma vida…" (trad. Tomaz Tadeu). *Educação & Realidade*, v. 27, n. 2, pp. 10-18, 2002 ["La inmanencia: una vida". *Sociología: Revista De La Facultad De Sociología De Unaula*, 19, pp. 5-8, 1996].

45 En el sentido propuesto por Félix Guattari, a partir del *pathos*: la espacialidad topológica, determinada por un núcleo afectivo que se despliega por el entorno, contaminando lugares y cuerpos; "captación inmediata (…), no discursiva [que] se manifiesta como resultado de las relaciones ontológicas de autocomposición de la máquina". F. Guattari, "On Machines" [*A propos des machines*],

el arte y la vida apuestan en las contaminaciones recíprocas entre los dos campos (pasajes) pero, sobre todo, en la producción de marcas que se lanzan a todos los cuerpos que están dispuestos a recibirlas.

- un último tema significativo a considerar aquí se refiere a la medida de la eficiencia de esta aventura: ¿cómo evaluar sus efectos, procesar su contabilidad, realizar un balance de su inserción y de las desviaciones producidas? No se trata simplemente de cerrar caja con lucro líquido, ya que el campo de la poesía es un lugar de impacto transversal y la intensidad de las experiencias procesadas no se presta a la simple cuantificación; además, el termómetro del público y de la opinión suele pasarse por alto en juegos y propuestas muchas veces decisivas. Discusión que parece bordear el enigma, se percibe que la propia operación de construir modelos y ponerlos en funcionamiento ya es índice de un resultado efectivo, que se valora en el proceso mismo de su continuidad. De ahí que contar con una práctica de agenciamiento que sea efectiva para magnetizar situaciones de interés –sea por mucho tiempo o sólo por un momento– ya es motivo de celebración y señal de que fue posible encontrar grietas en la apretada trama del cotidiano y hacerlos girar.

Emprenderse en estos caminos no es una simple determinación personal sino el resultado de caminos y desvíos: uno no elige simplemente adónde ir y si es conducido –y este impulso resulta ser decisivo. Si se producirán nuevos resultados espectaculares de forma regular en el futuro no es motivo de preocupación; le toca al AGORA percibirse como centro de aglutinación y de paso, sabiendo articular su presencia y viabilidad junto a los intereses con los que quiere seguir moviéndose: posibilidades dentro del arte contemporáneo que sean siempre matrices para otras posibilidades.

· ·

texto fotocopiado. Agradezco a Gê Orthoff por darme una copia del artículo [en castellano forma parte de ¿Qué es la *ecosofía*? Cactus. Buenos Aires, 2015, pp. 87-100].

Epílogo

En el momento de escribir este epílogo, la agencia AGORA ya no existe, habiendo cerrado sus puertas y clausurado sus actividades en marzo de 2003. La crisis que victimizaba al espacio no puede considerarse precisamente una sorpresa, pues había inscrito en el proyecto desde el inicio un conflicto productivo que, sin embargo, a partir de cierto momento dejó de señalar caminos de renovación, comenzando a funcionar de manera corrosiva: cuando cada uno de los tres 'directores' se plantea llevar el proyecto en direcciones diferentes, es señal de que el el trabajo colectivo se ha deshecho y una etapa acaba llegando a su fin. Esto no hace más que confirmar la característica de AGORA como "trabajo en grupo", suma de individuos que se articulan en una dinámica singular, un proceso colectivo: en este tipo de iniciativas, cuando se deshacen los lazos del grupo, el proyecto se altera radicalmente, ya que la propia combinación de diferencias produce (en el instante inicial) un cuerpo colectivo que se mueve con fuerza propia, en las direcciones que el mismo proyecto indica (el grupo crea una amplia territorialidad a través de la cual se expanden los individuos).

Entre las diversas causas del cierre de la iniciativa AGORA, ciertamente podemos alinear el impasse resultante del conflicto entre (1) una lógica administrativa más pragmática en relación con las demandas económicas del circuito del arte y el mercado –incluyendo todas las demandas y contrapartes de empresas privadas y empresas estatales que apoyan proyectos culturales a través de sus departamentos de marketing– y (2) una actitud de sesgo más experimental, que elegiría un camino más lateral en relación con los intereses más inmediatos de la comunidad artística establecida, buscando actuar en sus grietas y huecos. Si es cierto que fue a partir de una combinación heterodoxa y singular de estos dos caminos antagónicos que la agencia AGORA extrajo su particularidad, es igualmente innegable que gran parte del interés que suscitó se debió a que, desde el principio, había ocupado resueltamente regiones vacías y lacunares del circuito del arte local: el proyecto Espaço AGORA/Capacete se inscribió en las líneas de escape del circuito, como un proyecto independiente, coordinado por artistas, llevando una mirada crítica sobre este mismo circuito, buscando formas de acción para transformarlo. Por lo tanto, parece claro que la solución de continuidad para AGORA sería la profundización de su posición diferenciada en el tejido institucional y el desarrollo de una discusión sobre la producción que fuera más allá de las demandas inmediatas del mercado. Sin embargo, esta posición no fue consensuada entre sus tres socios…

En vísperas del cierre definitivo del proyecto, en febrero de 2003, AGORA realizó lo que considero su última actividad: alojar una serie de tres encuentros, abiertos a la comunidad de artes visuales de Río de Janeiro, para discutir el proyecto (propuesta y conducido arbitrariamente por el ayuntamiento municipal) para instalar una sucursal del Museo Guggenheim en la ciudad. Estos encuentros dieron como resultado la creación del grupo *artesvisuais&politicas*, que reúne a artistas, críticos, curadores y productores interesados en discutir políticas culturales para el sector de las artes visuales, junto con la alcaldía y el gobierno federal. Desde el punto de vista de este informe, es importante destacar que las reuniones realizadas en AGORA tuvieron el papel de promover una primera articulación del grupo, ya que todos los presentes tenían total libertad para conversar, en un "espacio de artistas": ciertamente la movilización se daría de forma distinta, si se llevara a cabo en un ambiente más institucionalizado (escuela, centro cultural o museo). Las discusiones sobre el proyecto Guggenheim fueron bastante intensas, y las diversas variables involucradas en el tema fueron absolutamente claras –ya sea la forma autoritaria y sumisa en que la ciudad de Río de Janeiro condujo las negociaciones, o las implicaciones económicas que impregnan el proyecto de un museo-franquicia internacional. En el panorama de las artes en Río de Janeiro, tales encuentros fueron de gran importancia política, al romper las barreras de aislamiento entre sus agentes y contribuir para una reevaluación de las condiciones de funcionamiento del tejido institucional de las artes visuales en sí (de hecho, una pregunta parte de la agenda de AGORA, en su proyecto original). Quedó muy claro, a partir de las conversaciones iniciales, que el circuito del arte brasileño está soportado por numerosas distorsiones, que no responden efectivamente al trabajo concreto de los artistas ni a las condiciones locales específicas, anclado en vicios de mercado de origen aristocrático que revelan insuficiencia –y muchas veces, desinterés real– en el establecimiento de un debate contemporáneo sobre las relaciones entre la producción artística avanzada, el propio circuito del arte y los demás sectores sociales. No se puede ignorar que las conversaciones y discusiones se dan en medio del gran abismo que separa y complica la relación entre arte y política: al mismo tiempo es fundamental no perder de vista las especificidades de una "política de las artes" –articulada en términos de políticas de circuitos, políticas de lenguajes artísticos e incluso una política de percepción– también es necesario no basar la continuidad de las acciones única y exclusivamente en la obtención de resultados: dentro de nuestro repertorio instrumental, se trata sobre todo de plantear interrogantes, paradojas y contradicciones, contribuyendo a que los problemas afloren en todo su cristal de múltiples facetas y matices. Para recuperar una cuestión planteada en la discusión sobre AGORA, es necesario creer en una eficiencia de otro orden –indirecta, no lineal, rizomática, con efectos retardados a largo plazo– en las discusiones sobre las cosas del arte y de la cultura.

La finalización del proyecto AGORA no implica el cierre inmediato de los espacios de actuación construidos directa e indirectamente por su presencia. Por el contrario, el cierre material de la iniciativa deja un enorme lastre inmaterial –pensamientos, conceptos, relaciones, espacios, interfaces– que puede y debe ser movilizado como una verdadera región viva y orgánica, matriz para nuevos caminos, continuos o discontinuos (disponible para todos aquellos que se comprometieron en alguna forma de intensidad con el fluido campo de intereses allí movilizado). Es en este sentido (y también en conjunción con demandas de otros órdenes, incluso existenciales) que se articuló para mí, desde diciembre de 2002, la iniciativa *agentdupla://*, construída y desarrollada en conjunto con la artista Daniela Mattos. Además de permitir un campo de expansión para la poética del trabajo de cada uno –sugiriendo aventuras e hibridaciones variadas– esta iniciativa ha funcionado como matriz para la organización de eventos que involucran curadurías en el área de video, articulando segmentos de la nueva producción brasileña[46]. Es, ante todo, una herramienta de acción en la que no se disocian intervención crítica y campo

46 En sus primeras actividades, *agentedupla://* estuvo presente en acción individual en el espacio experimental Rés do Chão (diciembre de 2002) y en el colectivo Grande Orlândia (abril/mayo de 2003), ambos en Río de Janeiro. En junio de 2003, organizamos un conjunto de 27 videos bra-

afectivo. Las posibilidades se mantienen abiertas, en la certeza de que esta nueva iniciativa sepa responder a las circunstancias y moverse según su propia fluidez, en continua transformación. A continuación, las líneas de su manifiesto de acción inicial.

agentedupla://

iniciativa que se propone:

(1) constituir interfaces membranosas de agenciamiento para microeventos (membranas son permeables);

(2) coser redes y tramas cómplices y al límite de aceleración y desaceleración del pensamiento;

(3) establecer un campo crítico que no rechace los nudos afectivos (manifiesto-adhesivo nosotros nosotros[47]);

(4) investigar la presencia, permanencia y pertinencia de los soportes tecno pero no mucho; perseguir los dispositivos mecánico-electro-electrónico-digitales como valiosa herramienta de acción;

(5) actuar y articular proyectos definidos a partir de una profusión de siglas, que encuentran un terreno conjunto de movimiento y revelan un aspecto de trabajo centrado en lo corporativo y/o comunicativo:

ILA – Instituto para la Legitimación del Artista y/o del amor

PUPA – Productos de Uso Personal del Artista

NBP – Nuevas Bases para la Personalidad

VCP – Vivencia Crítica Participante

etc.

(6) la práctica es la de afirmación, en la que la no se abre mano de la acción-arte como iniciador de su propia territorialidad;

(7) la pragmática se dará (línea B) a través de intervenciones específicas
como excavaciones pseudoarqueológicas, confrontaciones construidas,
compilaciones de microhistoria, antihistoria, transhistoria (prefijos
multiplicados al infinito)…

(8) asociaciones de trabajo (línea A): entrelazando nuestra poética con
(in)consciente permisividad: creemos en las mezclas vitaminadas;[48]

48 Daniela Mattos y Ricardo Basbaum, 2002.

12 Viva Vaia Zumbi

no aguanté

no resistí

no penetré

no invadí

no sobrepasé

no protegí

no ocupé

yo ya estaba allá

yo hice que vinieran hasta aquí yo conquisté el território

yo no enfermé

yo abordé directamente

yo entré a través de espacios vacíos

yo persistí

las diferencias entre lo que es o no oficial se han vuelto muy fluidas

en las últimas décadas

"cada victoria del artista es la derrota de la sociedad"

esta sentencia, adaptada de una entrevista con Roland Barthes, es claramente modernista, recordando un momento en el que el arte de vanguardia estaba absolutamente desvinculado de su público virtual burgués –después de todo, ¿"público" para qué? Valía más la acción entre cómplices y socios, o bien la mirada mucho más entusiasta sobre las masas en avivar su potencial revolucionario (importante no olvidar: tomar el poder aquí es perder fuerzas, traicionarse, cambiar de lugar con lo que oprime, reconocer erróneamente al adversario).

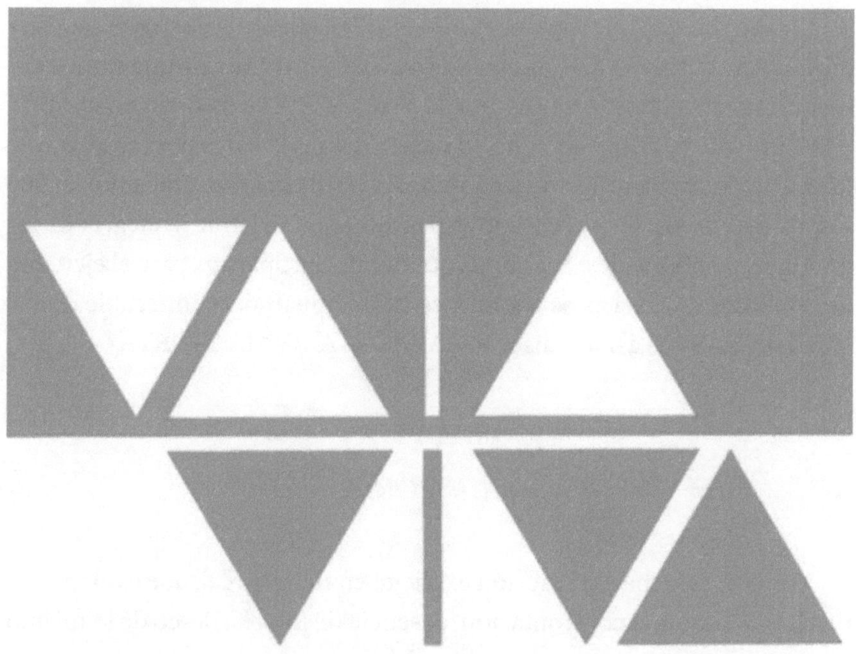

VAIA VIVA[49], como el estribillo insistente y glorioso de unos pocos (NO-SOTROS) venciendo la estupidez autorreproductiva de todos (ELLOS), que no eran (todavía) absolutamente 'otros'.

Estos todos conservadores y estúpidos no configuraban alteridades dignas de atención, ni ofrecían una interlocución mínimamente respetable. Estúpidos, sí, simplemente sin interés en su práctica aniquiladora:

49 Poema de Augusto de Campos, 1972. "VAIA VIVA" podría traducirse como "abucheo vivo (activo, fuerte)", "desaprobación a viva voz". Decidimos dejarla en original, para que se pueda percibir y disfrutar mejor el juego de palabras e imágenes que se establece en el texto en portugués. [N. de T.]

— Sería bueno si nunca hubieran aparecido por aquí, forasteros.

— Sí quiero sobrevivir y amar entre mis semejantes, compañeros, cómplices de aventuras que se imponen por sus propias fuerzas, y ustedes que nos desprecian nada tienen que ver con eso. Nada que ver. Nada haber[50].

Me dijeron que hubo un momento (y yo pregunto: ¿cuál fue el cataclismo o acontecimiento que anunció tal pasaje? ¿O se trata de una transición silenciosa, un salto suave?) en que la VAIA VIVA se disolvió en el ruido hiperpresente tal como liberado en nuestros aires & bares por (entre otros) John Cage y otros productores de ruidos: viva el experimentalismo del que somos herederos; viva el campo expandido que nos trae la alegría de las múltiples posibilidades. Seguimos queriendo agruparnos para el ejercicio de este saber que traspasa los límites... Sin embargo, es innegable que el curso de las cosas así lo quiso: VAIA MORTA. ¿VAIA MORTA?

VAIA VIVA

VAIA MORTA

Ya no se escucha esa reacción explícita en tiempo real, que es al mismo tiempo rechazo a la confrontación, ausencia de interés, deseo de lo mismo inmutable e intransformable, habitual:

VAIA VIVA

VAIA MORTA

Estamos inmersos en la situación en la que la sociedad QUIERE –cada vez más– ARTE. ¿Sería después de todo algo extraño o digno de fiestas de celebración?

¿Podría haber sido una absorción errónea de tantas provocaciones cuidadosamente diseñadas por los heroicos y geniales artistas y pensadores

---

50 En portugués se da un juego de palabras entre "nada a ver" [nada que ver] y "nada haber". [N. de T.]

que admiramos lo que produjo tal neutralización? La omnipresencia del mercado y del espectáculo como fuerzas externalizadoras es un factor decisivo; la descentralización de los focos de poder, las telecomunicaciones; la micropolítica… (ese cuadro no deja de ser entusiasmante también, indicativo de la fascinante complejidad contemporánea, pero ¿para qué están los artistas?)

Continuando con la expresión con la que abrimos este texto, ahora reescrito: "la sociedad ha absorbido su propia derrota, celebrando a sus artistas". ¿Lindo?

Problema: los mecanismos de institucionalización de las obras de arte y las prácticas artísticas frecuentemente resultan estar lejos de las prácticas que quieren institucionalizar: esta es la evidencia más concreta e inmediata de que VAIA MORTA no ha apagado la llama de VAIA VIVA (ejemplo más cercano-obvio: ¿Centro HO o anti-HO[51]?): las instituciones, colecciones, museos, galerías, patrocinadores, mecenas, agentes, en su mayoría, se RESISTEN a transformar sus prácticas para asimilar (parcialmente, o sea, no importa) las prácticas límite del juego del arte. Se nota un camino inmenso de sucesivas neutralizaciones y acomodaciones –que en el caso brasileño, local, es mucho más largo y conservador– hasta que la obra de arte sea, finalmente llevada al público, casi sin riesgo. VAIA MORTA sería, entonces, el juego complejo del circuito del arte –en sus alianzas con segmentos de la sociedad– de absorber lentamente en su dinámica (a lo largo de los años…) trabajos y más trabajos, juegos de lenguaje y más juegos de lenguaje, para construir una bien coordinada presentación pública de lo que puede ser, puede existir…

La pregunta sería, "¿por qué tardar tanto?"

El análisis curioso sería: "¿por qué tantas velocidades diferentes en cada momento?"

El observador atento: "pero hay mucho más movimiento en lugares por ahí, no sólo en estos…"

---

51 Se refiere al Centro de Arte Municipal Hélio Oiticica, en Río de Janeiro. [N. de T.]

Nos queda completar el juego de palabras, respondiendo de alguna manera al *impasse*:

VAIA MORTA VIVA

VAIA ZUMBI (zombi en el sentido de muerto-vivo, pero también *Zumbi dos Palmares* y toda la tradición de incorporación espiritual de los cultos afrobrasileños)[52]

VIVA VAIA ZUMBI

Viviendo en la situación actual de alto-riesgo, como un casi-fiambre[53] víctima potencial de balas perdidas, todos nosotros habitamos el umbral de esta situación, después de todo, con un pie en la vida y el otro en la muerte.

¿Reconocerían finalmente nuestras instituciones tal situación concreta, real, de liminalidad y frontera? ¿Habría disponibilidad para trabajar bajo el régimen VAIA MORTA VIVA / VIVA VAIA ZUMBI? (Esto, entre nosotros, sería lo mínimo exigible a una política institucional centrada en las aventuras contemporáneas del arte). O sea, considerando a los artistas como aventureros que se mueven entre lo oficial y lo extraoficial –su afán es provocar respuestas en el menor tiempo posible (se puede ver cómo nunca dejan de construir tales situaciones)–, vemos que ese desplazamiento se da como sed de intervención, construcción, afirmación del espacio, ocupación.

VIVA VAIA ZUMBI sería esta otra ecuación-poema, una mezcla que tonifica las acciones artísticas, provocando que las políticas institucionales reconozcan la ambigüedad, la parcialidad y el compromiso de sus acciones, y las llamadas instituciones oficiales (las no oficiales responden con más prontitud) a trabajar con obras y artistas sin eliminar la multitud

---

52 Zumbi dos Palmares, líder del "Quilombo dos Palmares" (famoso e histórico refugio esclavo). [N. de T.]

53 Se refiere a los cadáveres por asesinatos en masacres policiales. [N. de T.]

de entidades cargadas de este proceso (políticas e instituciones tienden a totalizarse como frentes sin contradicción).

Artistas, no-artistas, videntes y evidentes gustan de manifestarse en el presente, afirmando sus vidas, y después no. Ahí ya es problema de ellos. Arte & Cultura se hacen en el presente.

13 Circuito de arte en desplazamiento

1.

El título de esta conferencia ya contiene cierta redundancia, en la medida en que la idea misma de "circuito" ya contiene la idea de "desplazamiento": hay *entrada* [*input*] y *salida* [*output*], entre las cuales se producen diferentes procesamientos dentro de la caja negra. También se habla de "sistema". No es que queramos discutir aquí el desplazamiento de esto o aquello, sino percibir el desplazamiento como un movimiento o estado de cosas con el que se trabaja.

2.

Se trata pues de pensar en el circuito del arte, es decir, qué tránsitos se establecen a través de sus diversos "nodos", entre los diversos componentes del sistema. Hablamos sobre todo en términos de trazar una economía del sentido o significado de la obra y su juego de relaciones, para dinamizarlo. La obra de arte en circuito, o un circuito de arte, surgen como nociones de este medio a partir del momento en que la modernidad realiza un pliegue sobre sí misma, una inflexión –en que lo moderno deja de ser sólo una crítica de la tradición y pasa a hacerse pliegues sobre sí mismo: se vuelve contemporáneo, posmoderno.

3.

Esto se ve claramente en la década de 1950, por ejemplo, cuando el arte representa varios rituales del juego del arte en sí mismo: ver las obras y acciones de Yves Klein, Piero Manzoni, Robert Rauschenberg y Jasper Johns. En estos gestos hay un esfuerzo por empezar a articular otra manera de pensar (a través de sistemas, a través de circuitos). Ya no es un pensamiento lineal, evolutivo, en el que se supera el anterior con el fin de redimir el espacio histórico idealizado. Este nuevo pensamiento sistémico –en circuito– se hace ahora a través de redes, vecindades, afinidades, afectos (mirarse a través del otro sin aniquilarlo, dejarse tocar, constituyendo un campo de relaciones, un teatro de eventos), desviaciones. Cuando tienes el movimiento del circuito como un estado de cosas, no hay pureza, linealidad, proyecto o fin.

4.

En el campo de las artes visuales se acostumbra decir que la noción de circuito o sistema del arte se consolidó muy claramente en la década de 1960, con el llamado arte conceptual, que se dio a la tarea de investigar la producción específica de sentido en la campo, a través de un triple juego de maniobras: (1) en el que el circuito se hace visible, evidenciado, lanzado a un primer plano figurativo y operativo; (2) en el que las obras se desarman en conjuntos de relaciones, como la muy utilizada "relación entre texto e imagen", pero también otras series en las que intervienen el sonido, el espacio, el espectador, etc.: tenemos las instalaciones como medio en el que varios de estos términos se ponen en relación; (3) en el que se separa el arte de la estética para que no sólo se discuta la verdad a través de lo sensible, sino que se investigue todo la naturaleza de la obra de arte, las propiedades de un campo artístico, que ya no se reduce a un solo elemento del juego formal sino que se definirá en las relaciones con un circuito propio, y abierto a un juego interdisciplinario abordado a través de diferentes áreas de conocimiento. Las poéticas son articuladas como un campo de problemas, en un curso de acción que se extiende desde la interdisciplinariedad hasta la hipermedia. Ya no hablaremos de géneros artísticos (pintura, escultura, dibujo) sino de medios –sobre todo híbridos– a disposición del artista (ejemplos: tanto el objeto específico minimalista [Donald Judd] como el *no-objeto* neoconcreto [Ferreira Gullar] se proponen como híbridos pintura-escultura). Ahí radica el nacimiento de las nuevas categorías de la performance, objeto e instalación, así como las diversas combinaciones de experiencias multimedia.

5.

Se percibe de esta manera como el *circuito/sistema* se convierte en una forma de pensar, introyectada en la concepción misma de lo que se quiere que sea una obra o estructura pensable, problematizable. No se trata de desplazar ningún objeto, sino de concebir las cosas de otro modo, como entes procedimentales que se lanzan inmediatamente al vértigo de los juegos de relaciones, a su destino de circulación. Establecer, sacar a la luz los dispositivos de tránsito y circulación no es una simple exhibición de las cosas en sus caminos o vías, sino percibir sentidos en amplios percursos, valorar desviaciones, determinar importancia al proceso de desplazamiento como entidad grupal, elemento colectivo.

6.

Organizar las cuestiones en un circuito, ordenar las información en caminos, sistematizarlas: proceso muy importante, ya que revela que este gesto (de construir un circuito) es un modo y una manera de pensamiento, que implica la construcción de una interfaz en la que se captura el otro y se propone rutas y estructuras de producción de valor a partir de los caminos establecidos: énfasis en la procesualidad, proximidad, vecindad: trazar una red, agrupar los puntos desde el gesto de capturarlos, ordenarlos. Así, el *simple* gesto de construir el diagrama de un circuito es activar un conjunto de objetos-relaciones-acciones y producir hilos de pensamiento en red: un circuito es lo opuesto al caldo homogéneo de objetos similares y sin valor: siempre propone diferencias dinamizadas a partir de la singularidad de los nudos por los que atraviesa. Dibujar es proponer relaciones, construir una red, un rizoma, conectar lo cercano y lo lejano. La belleza de dibujar o proponer un circuito es poder arbitrar los centros de atracción, aquellos *nudos* a partir de los cuales se distribuye, avanza o retrocede la red. En esta dinámica, los pasajes y conexiones son estructuras de producción de valor.

7.

De ahí la importancia de proyectos como "brócoli vhs" y "cine marginal", donde la simple construcción del sitio cobra significado porque es precisamente la interfaz desde la cual el pensamiento se ordena como producción de un circuito que produce valor para el propio trabajo, construye valor, a la vez que se lanza hacia adentro de sí mismo y hacia afuera. A través del sitio web no se accede directamente a las cosas, sino a través del circuito/interfaz en el que todos los elementos presentes se refuerzan mutuamente produciendo el efecto de generar sentido. Una de las consecuencias más importantes son las posibilidades que se abren para el acoplamiento con otras estructuras homólogas. Ejemplo: El Grupo Atlas y su proyecto de articulación de varios medios y soportes, que se deslizan los unos sobre los otros.

8.

El propio "arte del video" ya nace en esta condición de pasaje entre lenguajes y de ahí que su inteligencia siempre haya sido esta: hibridaciones, combinaciones de procedimientos de distintos campos. O sea, lo específico del video siempre se materializa en *encuentros*, ya sea entre la imagen electrónica con el cine, la imagen con la instalación-objeto, la imagen con la música, etc. ¿Qué sentido tendría buscar lo "puro específico del video"? La singularidad de este medio se ubica más en los encuentros que en su autodefinición. Así lo afirma claramente Nan June Paik ya en su *Exposition of Experimental Television*, en la Galerie Parnass, Wuppertal (1963), donde las obras propuestas se organizan como objetos en los que los recursos del televisor se dirigen hacia sí mismos, pero al mismo tiempo dialogan con el lugar de la comunicación y la construcción de redes telemáticas. Ya no hay más como *mirar* el medio sin considerar su amplia red de conexiones.

9.

La combinación principal para esta comprensión es la asociación entre "cibernética" y "arte conceptual": noción de circuito + herramientas para discutir el circuito mismo. No se puede negar la influencia de tal combinación en los más diversos campos del conocimiento, cuando se percibe claramente la dificultad metodológica de aislar un objeto de contornos estables; cada mirada es el resultado de negociaciones de fronteras y límites, así como una proposición de un campo conectivo, red, territorio. También se puede agregar la topología, como una herramienta innovadora para visualizar objetos construidos dentro de estas posibilidades de cosas en desplazamiento.

10.

Mover el circuito sólo puede ser pensar en él, usarlo, reconfigurarlo para otra intervención –redibujarlo. Hay un imperativo del presente: funcionamiento y actualización permanente. Un circuito no tiene futuro, sólo el presente de sus usos y desplazamientos aquí y ahora. Sin embargo, una dimensión virtual está presente en la medida que moviliza las posibilidades de su programa. Mientras sea capaz de viabilizar encuentros y conexiones, un circuito permanece existiendo; sin eso, se cristaliza, hibernando hasta su próxima posibilidad conectiva. Ya sean dinámicas de grupo, colectivos, revistas, laboratorios, la eficacia de las mutaciones propuestas por todas estas posibilidades de intervención está dada en la medida de la capacidad de percibir conexiones entre las cosas, manteniendo su capacidad vibratoria de producir desviaciones y redibujar –aunque sea momentáneamente– su mapa de conexiones o, de forma más perenne, imponer un nuevo recorrido a los procesos, hacerlos literalmente *pasar por aquí*.

11.

Así, circuito es también el informe, el rediseño, el traspaso de límites mirando hacia fuera de sí mismo en el ejercicio de una *voracidad conectiva*. Quizá aquí, en este volverse hacia el exterior, se puedan encontrar claves estéticas: el éxtasis sensorial siempre se da como el próximo *link* o conexión –al mismo tiempo consumo y transgresión, ya que las conexiones en un circuito se dan principalmente entre heterogéneos (relaciones, después de todo): la diferencia es la partícula que acopla. Ya sea "oficial" o "alternativo", todos son circuitos, que difieren sin embargo en términos de amplitud, maleabilidad, alcance y fluidez de las conexiones, potencial para la autorremisión que busca valor en sí mismo, en la calidad de las conexiones (es decir, conexiones fuertes, conexiones débiles, estables o inestables, según sea el caso). Se abre el camino para una comprensión política de las dinámicas afectivas, cuando la amistad es una forma política de construir proximidad en la distancia, enfatizando las membranas y regiones de contacto y agrupación entre sujetos singulares y creyendo en el potencial transformador de tales procesos (nada de amistad fraterna cristiana, pacto de sangre o intimidad compulsiva con el poder: lo que se quiere aquí es el tránsito afectivo como política de alianzas entre quienes vibran en la dimensión de un combate que es el de la dinámica productiva de las acciones colectivas. Ver Francisco Ortega *Hacia una política de la amistad*: Arendt, Derrida, Foucault, Río de Janeiro, Relume-Dumará, 2002).

12.

Frente a la poética del proceso, bajo la dinámica del *trabajo en progreso*, no hay como concluir, sino colaborar en la continuidad (imprevista y accidentada) de estos caminos.

14

AMO A LOS ARTISTAS-ETC

ADVERTENCIA:

Atención a esta distinción de vocabulario:

(1) Cuando un curador es curador de tiempo completo, lo llamaremos curador-curador; cuando el curador cuestiona la naturaleza y función de su rol como curador, escribiremos "curador-etc" (así podemos imaginar diferentes categorías, tales como curador-escritor, curador-director, curador-artista, curador-productor, curador-agenciador, curador-ingeniero, curador-doctor, etc.);

(2) Cuando un artista es un artista a tiempo completo, lo llamaremos "artista-artista"; cuando el artista cuestiona la naturaleza y función de su rol como artista, escribiremos "artista-etc" (así podemos imaginar diferentes categorías: artista-curador, artista-escritor, artista-activista, artista-productor, artista-agenciador, artista-teórico, artista-terapeuta, artista-profesor, artista-químico, etc.);

El enunciado antedicho presupone que el "curador-curador" (o incluso el "curador-artista") trabaja de manera diferente al "artista-curador". Es en torno a este punto que me gustaría comentar la afirmación propuesta: "La próxima Documenta debería ser curada por un artista".

Amo a los artistas-etc.

Tal vez porque me considere uno de ellos.

Los artistas-etc no se moldean fácilmente en categorías, ni son fáciles de empaquetar para viajar por el mundo, debido, en la mayoría de los casos, a diversos compromisos que revelan no sólo una agenda completa sino, sobre todo, fuertes conexiones con los circuitos locales en los que están insertados. Veo al "artista-etc" como un desarrollo y extensión del "artista-multimedia" que surgió a mediados de la década de 1970, combinando el "artista-intermedial" *fluxus* con el "artista-conceptual" –hoy en día, la mayoría de los artistas (quiero decir, los interesantes…) podrían ser considerados como "artistas-multimedia", aunque, por "razones discursivas", son referidos únicamente como "artistas" por la literatura y los medios especializados. "Artista" es un término cuyo sentido se superpone en múltiples capas (lo mismo ocurre con "arte" y otras palabras relacionadas, como "pintura", "dibujo", "objeto"), es decir, incluso si siempre se escribe en del mismo modo, posee varios significados a la vez. Su multiplicidad, sin embargo, se reduce invariablemente a un sólo sentido dominante y único (con la obvia colaboración de una mayoría de lectores conformados y conformistas). Por lo tanto, siempre es necesario operar distinciones de vocabulario. El "artista-etc" también pone en primer plano las conexiones entre el arte&vida (el "an-artista" de Kaprow) y arte&comunidades, abriendo el camino para la rica y curiosa mezcla entre la singularidad y el azar, las diferencias culturales y sociales, y el pensamiento. Si la próxima *Documenta* efectivamente está curada por un artista, deberíamos esperar encontrar un artista-etc trabajando como artista-curador.

Cuando los artistas realizan curadurías, no pueden evitar combinar sus investigaciones artísticas con el proyecto curatorial propuesto: para mí, esta es su particular fuerza y singularidad cuando se encuentran en tal compromiso. El evento tendrá la oportunidad de mostrarse claramente estructurado en una red de nodos cercanos, aumentando la circulación de energía "afectiva" y "sensorial" –un flujo que el campo del arte ha buscado administrar en términos de su propia economía y maleabilidad.

Si un artista-curador tiene la intención de dirigir/curar/planificar el llamado "mayor evento de arte contemporáneo en el circuito del arte occidental", él o ella seguramente tendrá que incluir, entre los diversos tipos de artistas (con gran simpatía por los artistas-etc), pensadores contemporáneos de una variedad de disciplinas (para los críticos de arte: "situate como un pensador-sensorial; de lo contrario no existís") –un conjunto completo de no-artistas, como las personas que trabajan en cualquier ocupación o campo de investigación, en cualquier parte del mundo. Estas personas no estarían en la producción de arte, sino involucradas con los artistas y sus obras en un foro permanente para la producción de pensamiento en tiempo real (durante más de 100 días), construyendo conjuntamente actos sensoriales provocadores (SPACTs –*Sensorial Provocative Acts*). Aquí, el soporte digital sería fundamental. Con tal dinámica, ¿a quién le importará el "público"? El evento no tendría sus puertas abiertas, habiendo optado por volcarse al "consumo interno" –este autocierre debe entenderse como el reconocimiento del fracaso de la "esfera pública" y su tránsito a una especie de arena post-pública (la línea diagramática amistad-colectivo-multitud-comunidad), gesto que debe asumirse como una provocación necesaria para buscar nuevas formas de relación con la audiencia. Queremos que los visitantes, que efectivamente asisten, sean sujetos de un proceso de transformación durante (y después del) evento, desarrollando algún tipo de responsabilidad y compromiso hacia el mismo. Como propuesta final, Documenta debería salir de la ciudad de Kassel e iniciar una gira mundial, pasando seis meses en algunas ciudades de los cinco continentes, siendo coordinada por equipos locales de artistas-etc. Cuando finalmente regrese a su lugar inicial (¿volverá a un lugar llamado "origen"?), habrá suficiente material para una serie de documentales sobre el papel que jugará el arte contemporáneo en el mundo cambiante de hoy. Para ser disfrutado en la seguridad del hogar, a través de la TV, por las familias del planeta.

Amo a los artistas-etc.

Tal vez porque me considere uno de ellos, y no es correcto que odie a mí mismo.

15 regiones de sombra de los 80 (& diamantes)

para quienes vivieron la efervescencia cultural de los años 1980s en el campo de las artes visuales es imposible no sentirse defraudados ante lo que se recupera de ese momento a través de museos, colecciones, crítica, historia del arte: lo que se dice, colecciona, guarda, es muy poco, poquísimo, de lo que realmente podría interesar y demarcar el período ◊ las cosas realmente interesantes, importantes, singulares, no son referenciadas, recogidas, guardadas, revelando al menos extraños procedimientos de relación con las actividades y acciones artísticas. Se percibe un circuito realizando sus funciones de forma natural, como si su funcionamiento continuo –simplemente porque demuestra ser eficaz– indicara algún valor (si lo hay, éste sólo puede ser de eficiencia y funcionamiento, un desplazamiento sin fricción que no es pensada ni vista y que oculta los sujetos sociales implicados e interesados directamente en su proyecto, que quiere ser totalizador y generalista) ◊ y lo que sería extraño, de hecho, resulta ser su opuesto: todo esto es espantosamente normal, aceptado, avalado, legitimado, positivizado, enfatizando un tipo de procesamiento que inmediatamente se tipifica como ejemplar y se implanta en el ritmo habitual de las cosas ◊ extraño, entonces, sería observar cómo las cosas se normalizan y crean sus caminos, imponiéndose en el tejido social y construyendo sus caminos de normalización –procesos políticos, económicos, sociales que constituyen las cosas y el mundo y junto a los cuales tenemos que negociar nuestra ubicación ◊ lo que no significa aceptarlos ◊ enfatizo aquí que estos procesos tienen su modelado singular en el campo del arte, ya que el proceso de las cosas a través de este microsector de la sociedad revela (hace visibles) las condiciones y personajes del juego, así como distintas modalidades de relación (que quede bien claro: no hay representación ni mímesis, sino un juego autónomo, comprensible en su propio registro: política de las artes, política de los lenguajes, política de la percepción). Repitiéndome: "[U]na vez comenzado el partido, las sillas de pista, las gradas, las sillas especiales numeradas y los palcos se transportarán automáticamente a la cancha. Aquí es donde se desarrolla el juego: en el lugar donde miras, con quien miras, y no al revés" ◊ la fluidez y el (semi)automatismo de la escritura son quizás los equivalentes de las emisiones de voz, del pensamiento a través del habla que hizo famoso a Lacan (y MD Magno): seminarios y seminarios; o que llene auditorios para clases de Foucault y Deleuze, que no se dan en estadios de fútbol, ni a través de transmisiones de radio; ejemplos de pensamiento que se quiere percibir a través del cuerpo; voz, canto a su manera ◊ retomando: la experiencia de los hechos significativos de la década de 1980 en las artes visuales es lo contrario de sus registros institucionales oficiales: en estos sólo se habla de la "vuelta a la pintura", en una forma automática. Es en el éxtasis hipnótico de la repetición del estribillo, sin embargo, que se revelan las represiones y esquematismos de una vida en sociedad. Cualquiera que haya estado allí sabe: otras formas diversas de acción e intervención contribuyeron al necesario mantenimiento de la tensión creativa del período, y vale la pena traer a colación otras historias (otras ficciones) y caminos ◊ en este sentido, los 1980s serían ejemplares en la somatización de cierta psicopatología sociocultural cotidiana que nos aqueja en esta región de los trópicos: ¿cuál es la extensión de este recalque local? (hay un recalque global –que quizás sirva de consuelo– que se extiende desde el occidente rico y su umbilical y perverso proyecto económico neoliberal [Reagan-Thatcher], y lleva a la caída del Muro de Berlín y al fin de la antigua URSS). No es difícil determinar cuán limitados son los mecanismos de institucionalización del arte como filtros de procesos y hechos. Y cuando quieres caracterizar una época a través del arte, ¿qué significa eso? Es fácil ver que en este proceso de 'ejemplarización'

–constitución de modelos e índices representativos– lo más evidente no son las elecciones, sino la red de procesos y métodos que forjaron el proceso de selección, las características de la *máquina de filtrar* ◊ no existen totalizaciones, no creemos en eso: los procesos dejan fisuras, residuos, vacíos, y lo que se transmite de una capa a otra sufre los efectos de un cambio de etapa: los códigos se transforman, *clusters* [aglomerados] de sentido se cristalizan, lugares se demarcan, la mirada se modifica ◊ encontrar una dirección de sentido, sin embargo, no resuelve la cuestión: el asombro ante el proceso permanece, los límites siguen visibles; quizás algunos se calmen con la "explicación" otros se exasperen; pero la mayoría se calma ante el signo conveniente y cómodo ◊ más interesante e importante es darse cuenta de que, en la represión de ciertos caminos y discusiones artísticas, no se los está excluyendo de un debate público más amplio, sólo un conjunto de obras y lenguajes: está siendo arrojado a la sombra un proyecto cultural allí inscrito (que hizo posible esta producción), portador de otros caminos no tan hegemónicos ni tan eficientes para el proceso artístico local. Sin duda, los provocadores y problemáticos (llenos de expectativas en 2003; frustrantes y dramáticos en 2006) destinos actuales del país arrojan nueva luz sobre el panorama de hace veinte años, cuando hoy llega al poder un partido creado en 1980 y que tuvo entre sus fundadores un crítico de arte militante (Mário Pedrosa); por tanto, por derivación directa, procesos articulados desde ese período informan rasgos determinantes de la dinámica actual del circuito del arte, articulando otros focos de interés ◊ mirar el panorama de la década de 1980 no significa simplemente 'mirar hacia atrás', sino recuperar algo de nuestra actualidad, admitiendo que se pongan en primer plano procesos que insistieron en permanecer activos, negándose a obedecer las primeras instrucciones de aquietamiento y domesticación. Gestos como éste vendrían, sobre todo, de la prosaica actividad de mirarse en el espejo: desde la modernidad sabemos que el reflejo ya no existe como copia, y que la única imagen posible se entrega a través del otro –las corrientes de una política de la alteridad, son el único camino posible para la economía de la cultura, que se esfuerza por regular tal tarea. El proceso de esta recuperación se daría como una alteración perceptiva, en la que los elementos de la escena que componían lo que se suponía era sólo un fondo, de pronto son percibidos como personajes activos en la trama, que no pueden ser suprimidos; pero lo que puede ser más dramático y asustador es el reconocimiento de que muchos de los papeles principales en la trama podrían ser atribuidos a antiguos extras: en este momento, el director se retira para reescribir el guión, sin darse cuenta de que las escenas avanzan en su propia dinámica ◊ entonces, sería importante aclarar la cuestión: si había algo que ver, y no se percibía, ese "esto" sólo se podía notar a partir de una transformación concreta de la percepción. Los años posteriores a 1980 traen otra mirada, desafiante a su manera, que desconcierta cierta programación corporal: algo se interpone, entre visiones agarrotadas, desplazamientos poco fluidos, subjetividades excluyentes –cuestión de difícil delineación, pero que parece exhibir de modo inexorable un *ethos* posmoderno que no puede caracterizarse simplemente como una decadencia de fin de siglo (a pesar del hedonismo y el espectro del SIDA asociado con él en ese momento): la conducta revigorizada que se anuncia despliega directamente las conquistas del feminismo y de los derechos civiles que siguen a los estancamientos de 1968 y la contracultura, y que se replica en el circuito del arte a través de la permanencia del arte conceptual como importante operador estético (pese a su aparente rechazo), la reanudación de la discusión de la imagen (ahora telemática y digital, aunque predominantemente producida con tinta en la superficie en obras que aún se insiste en llamar 'pintura') y la formalización efectiva del artista multimedia (medios, tecnologías, lenguajes, variadas disciplinas, cosidas a recetas más o menos vigorizantes, según los casos). Contrariamente a lo que se piensa, hay lugar para un heroísmo modernista, por muy transformado que sea, ya que los temas que fundaron el campo moderno no desaparecen, sino que sufren inflexiones ◊ la sintomatología se presenta en toda su agudeza cuando la velocidad de la tecnología del nuevo capitalismo se apropia rápidamente características de este nuevo lugar de producción de conocimiento –entre nosotros, esto se da de forma más grave: aun viviendo bajo un régimen militar (en paso acelerado hacia la disolución: en 1979 toma el poder el general João Batista Figueiredo), la generación de artistas que apareció en la década de 1980 es saludada como indicadora de los nuevos aires de la redemocratización política; en este contexto (así como en otros países latinoamericanos), la nueva economía de mercado es igualmente recibida como libertadora, portando nuevas promesas de emancipación a partir del colorido de las articulaciones inéditas entre capital y cultura posibilitadas por la conjunción entre informática, biología y capital ◊ la abrumadora hiperinstitucionalización del circuito del arte desde el La década de 1980 es indicativa de la velocidad y agilidad del nuevo capital tecnológico en reterritorializarse, estructurándose a partir de alianzas con el ámbito de la cultura: la presencia renovada de muchas revistas de arte de circulación internacional, rediseñadas, llenas de publicidad, es característica de la época (aquí teníamos títulos como *Galeria* y *Guia das Artes*, queriendo ocupar tal espacio, pero sin un proyecto editorial que las singularizara efectivamente: esta incapacidad de tomar una posición más abierta sería un índice de nuestra recalque e incapacidad de mirar hacia adelante, hacia atrás y hacia los lados y si notas lo que hay alrededor), así como la calefacción del mercado y la aceleración de las galerías –encaminadas a una acción más agresiva junto al mercado y la sociedad– señalan también el mismo tono vibrante de expectativas y demandas: aprovechar la aceleración del nuevo dinero y su apetito de legitimación cultural ◊ que asombra nosotros, sin embargo, es cómo las maniobras de institucionalización del arte no se sumergen efectivamente en el nudo de la pregunta (¿sería mucho esperar tal atención del circuito?), dejándose atrapar por la seducción inmediata de la imagen artesanal, como moneda de cambio con mayor liquidez inmediata o, mejor, institucionalización de mayor eficiencia. Pero el vector que mueve esta conversación sería la pregunta por la no percepción de otros procesos que corrían en paralelo ◊ en el arte (brasileño) de la época, parece haber habido una repentina despolitización (en comparación con momentos anteriores, de debate crítico más agudo), en el que la conversación sobre el circuito y la economía misma de las artes visuales se dejaba llevar por la exigencia más inmediata del nuevo régimen del capital: la eficiencia y la circulación transformadas en valores, o el hipnótico impacto perceptivo de un acontecimiento estético auto-contenido, aislado de sus remisiones al contexto ◊ eficientes máquinas filtrantes cortan lo que les interesa: en esta maniobra, el proyecto que se implementa a partir de 1980 involucra la pavimentación de caminos, viaductos y túneles, que pueden conducir con seguridad el arte brasileño al circuito internacional, estabilizando importantes relaciones de mercado –obras, obras, obras ◊ lo que no se puede olvidar, al precio de un empobrecimiento aún mayor de nuestra ya precaria discusión y de una excesiva simplificación del campo, son las trayectorias propias del arte contemporáneo de consecutivas y sucesivas problematizaciones de su propia hechura, en un trabajo de inflexión de las mediaciones. Nuestro circuito, en sentido amplio, aún no ha aprendido a lidiar con trayectorias espejadas, evita cuestionar su propia imagen, sin ver los límites como rasgos materiales positivos que implican en una plasticidad constante –esto, por supuesto, a través del juego de lenguajes y sus políticas, aquí, localmente, difícilmente asumidas como una multiplicidad ◊ los caminos recalcados en la década de 1980 son los que cuestionan el circuito y la circulación como valores genéricos y proponen una amplia politización de los lenguajes y procesos institucionales. Este vacío, que se siente ampliamente, se trata de modo caricaturesco en los libros de autoayuda institucional (¿alguien conoce algunos de los títulos?). Pero si hay algún proyecto político que pudiera implicarse desde las regiones de sombra, sería aquel que se conecta con las amplias transformaciones del arte tras la Segunda Guerra Mundial, señalando la necesidad de reestructurar el pensamiento y la concepción del cuerpo desde la influencia de las biotecnologías y de la informática: sobre todo, sus impactos éticos y estéticos ya llevan décadas produciendo una intensa transformación en las prácticas y los juegos artísticos ◊ otra mirada no existe más allá del mar, pero es la que está en nosotros, entre nosotros, y protege potencialidades de extrañeza –sus regiones de sombra, lejos de aniquilarnos y dejar desguarnecidas las defensas, indica lugares, espacialidades desde las cuales girar el cuerpo e invertir el campo ◊ lo dicho aquí también puede, de algún modo, cernirse sobre la dinámica de la cultura de un momento puntual, con sus idas y venidas y sus conflictos ◊ pero es particularmente productivo –y estratégicamente importante– señalar los límites de la recepción de la década de 1980 (que para el sentido común intelectual –¡eso existe!– son una época decadente y conservadora) para, a partir de una dramatización de los síntomas (para quien los quiera visibles, por supuesto), revertir la habitualidad de los procesos de construcción del presente ◊ ALERTA: ESTE GESTO IMPLICA RIESGOS. ¡HACERLO SOLAMENTE QUIEN LO QUIERA!

16 Perspectivas para el museo en el siglo XXI

No es simple para un artista en actividad hablar de museos: sobre esta institución aún se cierne el aura de algo muerto, inmóvil, ajeno a la dinámica de las obras vivas y activas. La noción de construir alguna forma de protección para las cosas culturales, salvándolas de su destrucción y al mismo tiempo integrándolas en un conjunto de objetos representativos, está en el origen del espacio museístico: pero esta operación de inclusión tiene un precio, lo que generalmente se explica en el costo de sustraer la obra de arte de su contacto directo con la dinámica de la vida y de la sociedad, para lanzarla dentro del espacio artificialmente construido de la institución. Puede decirse que el origen del museo es moderno (si nos referimos al Renacimiento, la invención de la prensa y las conquistas del nuevo mundo), enciclopédico: si vamos más allá de los gabinetes de curiosidades y llegamos a la revolución burguesa, veremos que uno de los aspectos que llevan a la formación de la idea de museo es justamente el impulso de conceptualizar claramente un orden de las cosas y del mundo, en el que una forma de pensar lleva a la verdad –y la obra de arte es una de las expresiones de esta búsqueda y de este encuentro, articulando de manera singular autonomía plástica y cortes de posibilidad discursiva.

No es difícil entender la formulación de este paradigma, ya que en cierto modo sigue vigente hoy en día –nos resulta curiosamente familiar la idea de que lo que se incluye en el museo es de alguna manera "ejemplar", "representativo" y, a consecuencia de esto, "mejor". En otras palabras, desde sus inicios se ha puesto en juego la construcción del museo como máquina de producción y atribución de valor a la obra de arte, instrumento de producción de cultura. En este caso, la presencia de la obra en el museo no estaría asociada a una *anestesia* (pérdida progresiva inducida de sensibilidad) –resultante de su extracción del contexto en el que o para el que fue proyectada y en el que funciona–, sino a una potencialización, ya que su presencia en el museo lo elevaría a un nivel de "ejemplaridad", haciéndolo representativo de un orden de pensamiento que debe ser enfatizado, promovido, visibilizado, del cual el museo es uno de los principales espacios de agenciamiento. Se puede ver que este modelo de museo sólo fue posible a partir de una concepción de obra de arte y juegos de lenguaje que le convienen: lógica de representación, mimesis –protocolo de lenguaje asociado a la pintura/escultura que se desarrolla desde el Renacimiento hasta el Romanticismo, y que se constituye a través de una misma epistemología: universalidad, punto de vista central (presencia de Dios), linealidad en las relaciones causa-efecto, naturalismo en la construcción de la visualidad (concebir imágenes según el mundo visible concreto, campo del ojo natural y de la óptica geométrica). Es importante comprender la relación de implicación mutua que existe entre el desarrollo de los lenguajes artísticos y la concepción de la obra de arte y el desarrollo de los modelos museológicos.

A medida que cambia el paradigma de la obra de arte, cambia también el perfil del museo que pretende albergarla: al mirar, de manera amplia, las transformaciones que ha sufrido la obra de arte en los últimos 200 años (es decir, la conquista de su modernidad y su desplazamiento a lo posmoderno o contemporáneo), aquí nos arriesgamos a resumirlas de manera muy compacta como (a) "conquista de la autonomía" (academia y romanticismo hasta Cézanne), (b) "ruptura con la tradición y las utopías" (cubismo y vanguardia hasta Pollock), (c) "constitución de un circuito del arte" (de la vanguardia a la neovanguardia, especialmente el arte conceptual), (d) "relaciones con lo real" (desde la Pop art y Fluxus), (e) "virtualidad de la imagen conceptual y espectacularización" (desde finales del siglo XX)[54] –se puede ver al museo transformándose de manera homóloga. Así, la dinámica inherente a su formación también trae saltos, cambios y modificaciones similares: en los mismos períodos asistimos a (a) la constitución inicial del museo como un edificio arquitectónico con ambición universalizadora, moral y atemporal, proponiendo verdades estáticas y finales (concebido más allá de la condición de gabinete de curiosidades y exotismos), que paulatinamente se ajusta a la noción de obra autónoma, pasando luego (b, c) por su progresiva aceleración (bajo la presión de las vanguardias históricas y su historicismo finalista e idealista) hacia una concepción arquitectónica moderna, que pretende acoger sin trabas el poder de este nuevo objeto sensible del siglo XX –en este momento (la referencia es la inauguración del MoMA, en Nueva York, en 1937) se consolida la idea de un "cubo blanco", un espacio que pretende satisfacer tales demandas de transformación histórica. En seguida, (c, d) esta institución es percibida como directamente conectada a un contexto económico y cultural concreto que no puede ser ignorado ni idealizado, y esto lleva (d) a la elaboración de las nociones que apuntan al museo de arte contemporáneo, con su amplia variación conceptual arquitectónica, pero que debe responder a un circuito del arte y sus diversos segmentos (especialmente al conocimiento acumulado del arte moderno, a las tecnologías de gestión museológica y curatorial y a las relaciones con el público), así como a la materialidad de la presencia de relaciones socioeconómicas concretas. Finalmente, (e) se puede observar la materialización de un conjunto de transformaciones del aparato museológico en relación directa con los cambios del llamado capitalismo tecnológico de fines del siglo XX y sus exigencias de globalización y espectacularización[55] –claro que estos cambios hacia el presente aún se viven y se experimentan como en proceso en el mundo de hoy.

Queremos llamar la atención, a través de este ligero paralelismo, sobre el hecho de que los cambios en la concepción museológica acompañan

54 Estas transformaciones no se indican aquí como períodos secuenciales (ya que hay superposiciones) sino como fases amplias (ganancias de complejidad) que marcan algunas de las principales mutaciones del arte moderno/posmoderno.

55 No estamos considerando aquí –aunque podrían incluirse en este último tema– aquellas proposiciones que desmaterializan el museo en relación con el archivo y la base de datos, como las formuladas precozmente por Aby Warburg y André Malraux.

básicamente a las transformaciones artísticas, indicando el desplazamiento de las cuestiones conceptuales y de lenguaje, que informan y conforman a las obras, a los parámetros conceptuales y arquitectónicos que constituyen el Museo. Por supuesto que no se puede creer absolutamente aquí en la simplificación y linealidad de este proceso, ya que sobre todo la arquitectura posee su dimensión investigativa y conceptual propiamente autónoma, así como ya se ha establecido un cuerpo de estudios museológicos y curatoriales capaz de emanciparse en relación con la obra de arte como fin cerrado; y, sobre todo, se pueden alinear ejemplos en los que las conquistas espacial y arquitectónica, así como la concepción museológica trajeron a la escena nuevos espacios y herramientas para la realización de determinadas obras, invirtiendo la unidireccionalidad del proceso. Sin embargo, es necesario tener clara la existencia de una especificidad del museo al responder a las transformaciones prioritarias de las obras como cambios conceptuales y discursivos que informarán el marco teórico general del arte –siendo, por tanto, seguido por otras disciplinas (de ahí la importancia de referirse siempre, de modo concreto, a las obras). Ciertamente, sería más acertado percibir que obra y museo establecen una relación dinámica, de implicación mutua: desde una perspectiva contemporánea (es decir, posterior a 1945), el entorno del circuito del arte es el que constituye también la espacialidad propia de la obra; si pensamos en el museo como una parte importante del circuito, podemos ver cuántas obras se producen *para* el museo –por lo que, en términos generales, se trata de una doble implicación.

En este sentido, sería interesante mencionar aquí un caso reciente de la relación entre arte y museo, para traer algunos comentarios que contribuyan a esta discusión: tanto la reciente retrospectiva en el Museo Guggenheim de Nueva York del artista estadounidense Matthew Barney, así como los proyectos desarrollados por la Tate Modern (Londres) en su Turbine Hall –en especial la intervención de Anish Kapoor– aportan elementos para comprender características de la relación entre obra de arte y museo en el contexto actual. Parece evidente, como veremos, que tal condición revele algunos impasses, así como potencialidades, para el hacer-pensar del arte contemporáneo.

Conviene recordar que el Museo Guggenheim y la Tate Gallery son grandes instituciones (privada la primera, pública la segunda), cada una a su manera respondiendo a la demanda moderna de una colección abierta, entendiendo la condición autónoma y transformadora del arte en su proceso histórico: ambas cuentan con valiosas colecciones modernas (y relativamente contemporáneas), que constituyen su riqueza. Sin embargo, ambas también han sufrido importantes transformaciones en los últimos años, con el fin de adaptarse a las exigencias de finales del siglo XX: es en este contexto que se pueden ver –en paralelo– las modificaciones del Museo Guggenheim bajo la dirección de Thomas Krens (desde 1988) y la creación de la Tate Modern (en 2000), bajo la gestión de Nicholas Serrota (iniciada en 1986). En resumen, se trata de una reacción –y consecuente adaptación– de las dos instituciones ante la distinta ubicación del campo de la cultura, en nuestro tiempo, en relación con el nuevo marco socioeconómico correspondiente a las mutaciones recientes del capitalismo: bajo el impacto de las tecnologías de la información y la globalización, grandes sumas de capital han migrado hacia actividades culturales, en busca de materialización y cristalización de sentido simbólico para las operaciones financieras que se vuelven virtualmente inmateriales, ya que se procesan en tiempo real en toda la superficie del globo. En una economía que se aleja cada vez más de las estructuras del Estado y tiene como protagonistas a las grandes corporaciones (especialmente financieras), pasa a ser fundamental que la voracidad y velocidad de tal capital inmaterial sea llevada al mundo concreto de las cosas a través de una superficie material, sensible y persuasiva que sea encarnada de manera accesible y flexible y combinada con la producción de sentido: en esta ecuación, el campo del arte se presta perfectamente a las maniobras necesarias para reubicar este capital, detentor como es de un conjunto de conceptos y herramientas desarrollados por el arte moderno y contemporáneo en su pesquisas e investigaciones de lo sensible como producción de sentido –método de investigación que apenas dominamos, pero que actualmente se consolida como una de las formas más agudas de cuestionamiento de lo real.

Tanto el actual Museo Guggenheim (y su política de expansión a varios países a través de franquicias) como la actual Tate Modern se han configurado como espacios convencionalmente comparados con Shopping Centers, con su dimensión comercial y de entretenimiento, bajo el gerenciamiento de una construcción de imagen que poco se diferencia de la campaña publicitaria de cualquier empresa. Por supuesto, tal imagen no puede simplificarse ni reducirse a la cuestión de un "comercialismo cultural"; sin embargo, esta condición actual del juego de la cultura no puede pasarse por alto sin correr el riesgo de seguir trabajando con un marco contextual obsoleto como referencia. Si tenemos en cuenta la tradición moderna del artista que marca fuertemente su diferencia en relación a la sociedad y el sentido común –es decir, busca alguna forma de problematización o injerencia en el estado actual de las cosas[56]– entonces el momento institucional actual del arte debe ser objeto de una intensa investigación, porque el tejido institucional (al que se integran las grandes instituciones que estamos comentando) también alberga los mismos procesos de conocimiento y los gestiona a su manera, construyendo (o modelado, indicando pistas) alguna imagen de un artista que integra interferencia, diferencia y transgresión, aunque (por supuesto) dentro de los límites de su propia gestión. En otras palabras, el lugar del artista contemporáneo está claramente construido, hoy, en relación directa con el tejido institucional del circuito –tal vez nunca la relación artista/institución se haya dado de manera tan directa y cómplice: claramente, conceptos y herramientas operativas (es decir, las características de una "tecnología de hacer artístico") no se constituyen como "propiedad exclusiva" del artista, prestándose más bien a un manejo amplio por un circuito fuertemente estructurado (se trataría de recuperar, de alguna manera, la ¿"fragilidad"? del arte).

La exposición *The Cremaster Cycle*, de Matthew Barney, estuvo abierta entre el 21/02 y el 11/06/03 en el Museo Guggenheim de Nueva York. El extracto final del texto introductorio de la curadora Nancy Spector, que reproducimos a continuación, es bastante significativo:

> La exposición ocupa el museo con una instalación de *site-specific*, proyectada por el artista para abarcar las cinco partes del ciclo, combinando todos sus variados componentes en un todo único

---

56 Bastante ilustrativa de tal actitud es la proposición de Roland Barthes: "la victoria del artista es la derrota de la sociedad".

y cohesivo. (…) La obra central de la instalación es una pieza de video de cinco canales, suspendida en medio de la Rotonda. Cada pantalla muestra diferentes segmentos de *The Order*, una secuencia de *Cremaster 3* grabada en el Guggenheim. (…) *The Order* distribuye los cinco niveles de las rampas en espiral del Guggenheim en una alegoría que representa los cinco capítulos del ciclo. La exposición refleja esta estructura –los elementos instalados de *Cremaster* progresan en orden ascendente, desde el piso de la Rotonda, rampas arriba, hasta la Galería Anexo en la parte superior. Las esculturas que aparecen en *The Order* como símbolos de cada película de la serie *Cremaster* se muestran en el contexto de sus respectivos capítulos, junto con trabajos anteriores, en un ritmo cronológico que refleja el flujo en bucle [*em looping*] del propio ciclo.[57]

Para establecer una lectura paralela, vaya también una referencia rápida al proyecto *Marsyas*, de Anish Kapoor, expuesto entre el 09/10/2002 y el 06/04/2003 en el espacio conocido como Turbine Hall, en la Tate Modern de Londres, como parte de The Unilever Series[58]:

Esta es la primera vez, dentro de The Unilever Series, que un artista ha utilizado toda la longitud del imponente Turbine Hall de la Tate Modern, que mide 155 metros de largo, 23 de ancho y 35 de alto. *Marsyas* se compone de tres anillos de acero, unidos entre sí por una sola pieza de membrana de PVC. Dos de ellos están colocados verticalmente, en cada extremo del espacio, mientras que un tercero está suspendido en paralelo con la pasarela del Turbine Hall. Aparentemente encajadas en su lugar, en forma de cuña, la geometría generada por estas tres estructuras rígidas de acero determina la forma general de la escultura, un desplazamiento que se realiza de la vertical a la horizontal y luego de

---

57 Nancy Spector, "The Cremaster Cycle – Introduction", Disponible en <https://www.guggenheim.org/exhibition/matthew-barney-the-cremaster-cycle>.

58 El comunicado de prensa dice: "El apoyo de Unilever, por un total de 1,25 millones de libras esterlinas durante 5 años, permitirá a la Tate encargar una nueva obra a gran escala para el Turbine Hall cada año hasta 2004". Disponible en <https://www.tate.org.uk/press/press-releases/unilever-series-anish-kapoor>.

vuelta a la vertical. Kapoor inició el proyecto en enero de 2002. Al referirse a la invitación para concebir la escultura, comentó que "el Turbine Hall de la Tate Modern es un espacio enorme y difícil, y su principal problema es que exige verticalidad. Esto es absolutamente contrario a la noción de escultura que he venido desarrollando en mi trabajo. Me di cuenta de que la única forma de lidiar con la verticalidad era trabajar con la horizontalidad total". La membrana de PVC que se extiende por Turbine Hall tiene una cualidad corpórea, que Kapoor describe como "acercarse a una piel desgarrada". El título hace referencia a Marsias, un sátiro de la mitología griega que fue desollado vivo por el dios Apolo. El color rojo oscuro de la escultura sugiere algo relacionado con el cuerpo. *Marsyas* envuelve al espectador en un campo de color monocromático. Es imposible tener una vista completa de la escultura desde cualquier posición, por lo que el espectador se queda con la tarea de imaginar su totalidad.[59]

No es difícil ver rasgos comunes en ambos proyectos, destacando la grandiosidad, que en ambos casos estaría justificada por la especificidad de la construcción para ese lugar preciso –tanto el film de Barney como la escultura de Kapoor fueron planeados y ejecutados en relación directa con los espacios de exhibición. Si tenemos en cuenta los comentarios establecidos por Miwon Kwon en torno a la reciente transformación del concepto de *site-specificity*, es claro que lo que está en juego no es una simple adaptación a los espacios físicos de las instituciones: como bien señala Kwon, las recientes reevaluaciones –a la luz de la recepción del minimalismo, así como de la crisis provocada por la eliminación de *Tilted Arc* de Richard Serra– indican que el concepto de lugar específico ha abandonado su caracterización como un vínculo con los aspectos meramente físicos del espacio (como proponían, a groso modo, los minimalista) para establecer una dimensión discursiva de especificidad, en la que el lugar tiene su singularidad determinada principalmente a partir de las narrativas y conceptos que componen, integran y dinamizan una

---

59 Desde el año 2012, UNILEVER ya no auspicia el espacio *Turbine Hall* <https://www.bbc.com/news/entertainment-arts-19293762>. [N. de T.]

red de relaciones que lo caracteriza[60]. Así, queda efectivamente claro que tanto *The Cremaster Cycle* como *Marsyas* construyen su especificidad al lugar manejando conscientemente las narrativas institucionales que informan a los dos megamuseos: tanto Barney como Kapoor desarrollan sus propuestas incorporando en sus proyectos rasgos de espectacularidad y entretenimiento que constituyen el perfil de cada institución. Ambos artistas, se puede decir, desarrollan recursos de lenguaje frente a un capitalismo avanzado, ligero, fluido, y buscan propuestas de trabajo que puedan circular dentro de esta dinámica. Esto es clarísimo en la forma de trabajo de Matthew Barney, más cercano a estándares de una superproducción cinematográfica (Los Ángeles, Hollywood) que a los de un evento de arte contemporáneo estándar.

Cada uno de estos ejemplos adquiere una dimensión impresionante al posicionarse prácticamente a escala 1:1 frente a la institución; sin embargo, como se trata –en ambos casos– de instituciones expandidas, hiperinstitucionalizadas, espectaculares, tenemos proyectos que luego se ubican en una escala aún mayor. No hay forma de considerar que estas dos hiperobras sean simples resultados del gesto creativo de una subjetividad singular; se trata sobre todo de asociaciones consistentes a nivel empresarial-institucional-industrial entre diferentes personas corporativos: colaboración del tipo "artista + museo", además de recursos de producción de alta tecnología. Mirando en ambas direcciones, lo que nos sorprendería aquí sería, por un lado, el artista capaz de estructurar una subjetividad corporativo-empresarial para atreverse con un movimiento "creativo" en una escala claramente posthumana[61], y por otro lado, la

---

60 "La noción de *site-specificity* solía implicar algo fundamentado, ligado a las leyes de la física. (...) Sin embargo, a medida que esta investigación prosiguió a lo largo de la década de 1980, pasó a articular su crítica desde una referencia cada vez menor a los parámetros físicos de la galería/museo, o cualquier otro lugar de exhibición. (...) El lugar ahora está estructurado (inter)textualmente en lugar de espacialmente". Miwon Kwon. *One Place after another – site specificity and locational identity*. The MIT Press. Cambridge, 2002, pp. 11-31.

61 En el sentido propuesto por Gilles Deleuze, cuando escribe que "la institución se presenta siempre como un sistema organizado de medios", "elaborando medios artificiales de satisfacción que liberan al organismo de la naturaleza (...) introduciéndolo en un nuevo medio". Ver "Instincts et institutions", *L'île déserte et autres textes*, Paris, Les Éditions de Minuit, 2002, pp. 24-27 ["Instintos e instituciones". *La isla desierta y otros textos* (trad. J.L. Pardo). Pre-Textos. Valencia, 2005, pp. 27-30].

institución equipada para gestionar el proyecto artístico con el detalle necesario para hacerlo posible: sería más real que *The Cremaster Cycle* llevara la firma (¿o marca?) de Barney-Guggenheim o que se acreditase la autoría de *Marsyas* a Kapoor-Tate.

Ante esta situación, sería interesante hacer una comparación con otra serie de trabajos también realizadas a gran escala e igualmente fruto de una alianza entre artista e institución: me refiero a los tres proyectos de Walter de Maria expuestos de forma permanente de la DIA Art Foundation, de Nueva York: *The Lightning Field* (1977), *The New York Earth Room* (1977) y *The Broken Kilometer* (1979). Se trata de un artista notablemente reacio a las transformaciones del arte de las dos últimas décadas, y la experiencia de disfrutar de estas obras está claramente desprovista de espectacularidad (en el sentido de las obras mencionadas anteriormente); ciertamente, una visita al desierto de Nuevo México, para ver *The Lightning Field*, implica numerosos riesgos, que no existen en la seguridad de shopping-center de los Museos Guggenheim y Tate Modern. Si nos alineamos con de Maria, Barney y Kapoor, tendremos tres estrategias diferentes de resistencia al marco actual de relación entre arte e institución: la primera, a través de una política personal de silencio voluntario, produce obras que buscan desarrollar alguna forma de alejamiento del modelo actual; ya los otros dos creen desarrollar algún proceso de resistencia en la articulación interna de sus lenguajes a partir de la incorporación, en el acto mismo de proyectar y construir, de los elementos discursivos propios del espacio expositivo tal como se presenta hoy –Barney y Kapoor asumen una posición ingenua al establecer que la obra de arte en su potencialidad y fuerza estética ocasionaría *naturalmente* tal espesor crítico; es necesario no olvidar que la obra de arte está, frente a la naturaleza, alineada con los dispositivos del artificio. Por lo tanto, es necesario prestar atención, en el contexto actual, al proceso de "transformar crítica en espectáculo"[62], una vez que entre la construcción de la obra y su agenciamiento por parte de la institución, parece que ya no quedan resquicios ni espacios libres para la construcción de una actitud crítica –ciertamente no en el sentido

62 Miwon Kwon, *op. cit.*, p. 47.

tradicional de lo que entendemos por crítica (a la que hay que sumar los campos de la teoría e historia del arte).

De nada sirve pensar los museos del siglo XXI desde cualquier ejercicio de futurología: para mantener –¡en el presente!– las posibilidades de un flujo de pensamiento, intervención y movilización crítica, es necesario actuar con pragmatismo, en el sentido de desarrollar estrategias parainstitucionales aparejadas a los lenguajes y conceptos con los que opera el artista. Es decir, tanto aceptar las ofertas para ocupar el espacio institucional, buscando comprender las sutilezas de su actual estructuración y movilizando herramientas del lenguaje que pueden ofrecer algún grado de resistencia (atendiendo de manera aguda a las especificidades discursivas), como procediendo a la invención de otros formatos agenciamiento –que hoy, en uno de sus frentes, se presentan como centros de investigación autónomos y espacios independientes gestionados por artistas.

17

El artista como investigador

Quisiera contribuir aquí con algunas preguntas relacionadas con la actuación del artista en la universidad, en el marco más amplio de la investigación de las artes[63]. Trabajo regularmente en una unidad universitaria y por lo tanto estoy directamente afectado por el problema. Pero, más ampliamente, este debate también es relevante porque, en este momento, en varias universidades estatales y federales del país (también se puede pensar en el planeta en general...) encontraremos artistas trabajando allí enfocados en la práctica de arte contemporáneo –desarrollando investigaciones, administrando clases, asesorando a estudiantes, organizando eventos e incluso ocupando cargos administrativos. Esto puede indicar un momento particularmente favorable para el área de las artes en la universidad, ya que un número significativo de artistas que actúan en el circuito del arte pueden traer a la academia un aliento de trabajo tejido en otras instancias de la interfaz arte/sociedad.

Ahora bien, tenemos una primera distinción: el espacio de las artes, dentro del aparato universitario institucional, se manifiesta desde una mediación distinta a la que estamos acostumbrados dentro del circuito habitual del arte: es el aparato académico afirmando su presencia, imponiéndose como una interfaz concreta –a la que debemos prestar especial

63 A menos que se indique lo contrario, discuto aquí más específicamente la producción vinculada a la presencia del artista en la universidad. Los estudios de historia, crítica y teoría del arte, además de la curaduría y la enseñanza del arte, también caen dentro del marco de la investigación en las artes –pero estos no son los segmentos que me gustaría enfatizar.

atención– al conjunto de caminos desde los cuales se aprehenden las cuestiones artísticas. Por lo tanto, es necesario pensar dónde residen –y cuáles serían– sus especificidades. Atención: aquí no hay una jerarquía apresurada: se trata de apostar por la presencia del arte desde la universidad como un camino de acción posible –y potente– para los artistas contemporáneos, y luego reforzar las posibilidades de intervención que se abren. Si la universidad es parte de un circuito más amplio, perteneciente al sistema del arte, no se puede perder de vista el pliegue que constituye y desencadena este circuito: ahí tenemos que estar atentos, si queremos que las acciones en el campo de la producción artística, crítica, teórica e histórica generadas en la universidad producen algún efecto de intervención en el marco general del conocimiento, en la dinámica amplia del arte-sociedad o en el ámbito específico en el que se insertan.

No hay como escapar de esta máxima: dentro de la universidad, el trabajo de arte se convierte en investigación y el artista en investigador. Por lo tanto, se escribe "artista-investigador", y ahí tenemos otro personaje, con sus peculiaridades: dentro de esa otra instancia mediadora que es el aparato universitario, pronto se convierte también el actor, inmerso en otra red. Hay que tomar conciencia de este desplazamiento entre circuitos –y ahí podemos recurrir a la semiótica y la cibernética (signos y circuitos), pero no será suficiente– para perder (de forma más fuerte o más suave) la inocencia del proceso. Como habitantes del multifacético mundo contemporáneo, estamos acostumbrados a diversos desplazamientos, y cada vez (prácticamente paso a paso) somos capturados por diferentes circuitos: es en una multiplicidad de redes que nos movemos. Por lo tanto, a partir del supuesto de autonomía del proceso, ser artista junto al circuito del arte no garantiza el mantenimiento de esta posición junto a la universidad; y, más claramente, ser artista-investigador en la universidad no es garantía de ser artista en el circuito. Son diferentes instancias de valoración y legitimación, como es bien sabido: mercado del arte, agencia de desarrollo, colectivo independiente –cada uno con sus rituales y mecanismos de asimilación y expurgación, cada núcleo institucional o parainstitucional apuntando a determinadas configuraciones, estrategias y determinadas imágenes de sus personajes y actores, portando sus propias capas de mediación.

Que quede claro: las diferencias –entre un posible circuito del arte abierto a diversas instancias de la sociedad y un supuesto circuito académico/universitario del arte con características propias– deben ser vistas como productivas y no-estigmatizantes: ciertamente que este "pliegue" el más, representado por la universidad, viene a establecer otro territorio; la diferencia debe reconocerse como ganancia; entonces, las preguntas son: ¿qué caminos se pueden abrir? ¿Qué posibilidades se pueden señalar? Si tomamos el arte como una producción de pensamiento y procesamiento sensorial, ¿qué modos de problematización se ponen de relieve? Etc. Por lo tanto, es necesario no temer las diferencias entre los modos de circulación y sus propias economías, para darse cuenta de que la producción de arte en relación con el aparato académico/universitario puede ser posible. Pero atención: es necesario no apostar por la simple continuidad entre los circuitos: cualquiera que conozca los problemas relacionados con los cruces, las fronteras, los límites, conoce perfectamente (o incluso ha experimentado claramente, en su propio cuerpo y a través de su piel) que cualquier desplazamiento implica la no conservación de los mismos.

Lo que se advierte es que el principal obstáculo para impedir relaciones más provechosas y productivas entre el circuito del arte y el espacio de trabajo e investigación propios del aparato universitario residiría no en las diferencias, sino en la falta de conexiones y ligaciones más estables que se establezcan entre uno y otro circuito. Así, se ve la importancia de crear un espacio de paso entre ambos campos: trabajar interfaces y espacios de conexión que permitan aflorar las especificidades de los distintos lugares, para en este juego evitar el confinamiento en un lado o en el otro. Pues desde el punto de vista de la presencia del arte en la universidad, de su desarrollo como investigación, uno de los lugares que se intenta evitar es el del aislamiento académico: se suele decir que la universidad se protege tras sus muros –expresión que indica una incomprensión de su autonomía. Pero, dentro del campo de la investigación en las artes, el peligro estaría en tener como espacio de valoración de los trabajos únicamente su tránsito por las instancias académicas: se corre el riesgo de legitimar parcialmente el trabajo, sin chocar con otros segmentos del circuito (se sabe, a través del arte conceptual, que el sentido de la obra se constituye en su desplazamiento por el circuito del arte en sus diversos caminos).

Este es un punto delicado: los criterios académicos –pensados en términos generalizadores– no son fácil y directamente aplicables al ámbito de las artes: la Universidad (en su funcionamiento muy dependiente de una tradición de conocimiento básicamente cientificista, filtrada por cristalizaciones tecnocráticos y productivistas) aún no ha encontrado un camino más claro que pueda fluir y ramificarse ("hacer un rizoma", con todas las implicaciones de transformación y cambio) desde el "saber del arte"[64] de manera decisiva. Es necesario repensar, en rigor, diversos aspectos de la llamada "carrera académica" en función de otro conjunto de parámetros que apuntan al "artista-investigador" y sus propias demandas y especificidades. Se sabe, sin embargo, que en los últimos años se ha producido una mejora radical en esta área de investigación, a partir de consultores especialmente dedicados a perfilar las especificidades del campo junto a agencias de financiación y evaluación universitaria; este es un tema amplio y aún en desarrollo. El requisito del título de Doctor, por ejemplo, para que un artista (aun con amplia experiencia) pueda ofrecer un curso de posgrado, indica claramente un conflicto de legitimaciones, donde el aparato universitario no renuncia a albergar primero a los reconocidos por la su propio proceso de formación/formateo –son claras la resistencia y la autoprotección sin las cuales, finalmente, la academia vería disolverse la constelación de valores científico-humanistas y su pensamiento del arte en términos no-artísticos que aún lo estructuran (sub-aparato humanitario del Estado). Sería interesante vislumbrar el espacio universitario bajo una contaminación de haceres-saberes que poco a poco instalaron una práctica de valores resultantes de las formas de acción del arte contemporáneo. Aquí, lo que podría desarrollarse (sobrepasando los puntajes que evalúan la producción docente) serían criterios de mérito menos burocráticos y cuantitativos, en los que el aparato universitario reconociera más fácilmente los mecanismos sociales de desplazamiento y legitimación del artista –el circuito del arte, en sus curvas, líneas y puntos diversos– e incorporarlos de manera regular, dejándose atravesar más francamente por el "mundo allá afuera".

64 Como apunta Ronaldo Brito, "hoy aparece más claramente la distinción –si no la contradicción– entre el saber del arte y el saber sobre el arte. Entre la verdad productiva de los trabajos de térte, a lo largo de la historia, y el discurso de la historia del arte". Ver "Lo moderno y lo contemporáneo: lo nuevo y lo nuevo", en Sueli de Lima (Org.), *Experiencia crítica*, San Pablo, Cosac Naify, 2005.

En otras palabras, la productividad propia del área de las artes, como conocimiento, no necesitaría directamente (en el sentido más superficial posible, por supuesto) de la universidad para efectivarse –una productividad singular, con todos los rasgos de una 'no-productividad' en el sentido estándar del término: basta pensar en Beuys y sus métodos de trabajo, que acabaron precipitando su despido de la Akademie. Sin embargo, se puede hacer del espacio universitario, en su región vinculada a las artes, un pliegue portador de energía, área de intensidad propensa a los saltos.

Si cada biólogo, físico o químico tiene su propio laboratorio, ¿debe cada artista-investigador buscar construir su estudio o atelier, dentro de las Carreras de Artes? Ciertamente la comparación, tan simplista, no es por completo procedente; pero sirve para darse cuenta de cuánto la academia se vuelve impulsada por otra dinámica cuando la intrusión del hacer artístico tiene lugar en su territorio –a partir de la presencia, por ejemplo, de ese artista visitante sumamente instigador que recibe una beca en la universidad (figura más-que-rara dentro de nuestro horizonte de fomento de la investigación en las artes...) y que modula su dinámica de prácticas en otra franja horaria, distinta al de las "horas de clase": aquí, el impacto en el día a día de la Universidad ciertamente se haría sentir, y ciertos flujos se interrumpirían mientras que otros se asentarían. Sabemos, sin embargo, que no todos los artistas utilizan el "estudio" como núcleo de sus producciones –se habla de *"post-studio activities"*[65]–; de ahí que se percibe que el tema es mucho más complejo, pues aún involucra aspectos que no tienen, entre sus estrategias de visibilidad, las "figuras habituales del arte": en general, una visión del trabajo artístico marcada por algunos

---

65 En 1994, Andrea Fraser y Helmut Draxler desarrollaron el proyecto "Services: the conditions and relations of service provision in contemporary project-oriented artistic practice", inaugurado en el Kunstraum de la Universität Lüneburg: "La introducción del término 'servicios' [*services*], como una forma de describir ciertos aspectos del proyecto en trabajos contemporáneos, fue en gran medida estratégica. No hubo intención de distinguir ningún conjunto de obras como nuevo o como reemplazo de algunas de las categorías en uso en aquel momento, desde 'crítica institucional' [*institutional-critique*] hasta 'prática post-estudio' [*post-studio practice*], pasando por 'arte de sitio-específico' [*site-specific art*], 'arte de contexto' [*context art*], 'arte basado en la comunidad' [*community-based art*], 'arte pública' [*public art*], el genérico 'arte de proyecto' [*project art*] o el aún más genérico 'producción cultural' [*cultural production*]". Andrea Fraser, "What's intangible, transitory, mediating, participatory, and rendered in the public sphere?", *October*, 80, Massachusetts, MIT Press, 1997 [en castellano, fue incluido como "¿Qué es intangible, transitorio, mediador, participativo y está presente en la esfera pública?" en BRUMARIA 15-16. *Art Workers' Coalition*. Brumaria. Madrid, 2010].

estereotipos prevalece en la academia, fuera de sintonía con la práctica que tiene lugar más allá de sus muros. Por lo tanto, podría ser interesante trabajar desde la perspectiva del "artista-investigador", asemejándose, en su perfil, al "artista-de-vanguardia" –individuo en el borde más avanzado del conocimiento, inventor de lo nuevo– como siendo, en definitiva, el personaje que coronaría la integración de los mundos académico y artístico. Bajo esta caracterización, la universidad emergería como un espacio posible por excelencia para la creación artística, orientada a la pura producción de conocimiento y protegida de las perversiones persuasivas de los mecanismos del mercado, más proclives a promover lo comercialmente viable, sin freno alguno.

Como es bien sabido, sin embargo, las figuras de la "vanguardia artística" han estado bajo ataque desde hace algunas décadas –no por el dominio del torrente mercantilista ("está todo dominado"), sino por el fracaso del modelo historicista[66] propio del modernismo, en su concepción de autonomía formal evolucionista (los "pioneiros"). Desaparece la ubicación propulsora ("de punta"), pues ahora el artista que quiere ser "avanzado" dentro del circuito es el que fluye a través de líneas fronterizas para experimentar posiciones diferentes, trazando y retrazando continuamente los indicadores de su práctica; hay, por supuesto, una inquietud positiva,

---

66 Según Peter Sloterdijk, "habrá que hablar de un fin de la historia": "Considerando que la Historia real es el proceso en el que se creó el sistema mundial, no hay sino un único episodio realmente histórico: es el camino que comienza en mediados del siglo XV, con la conquista del océano por los navegantes portugueses y el primer viaje de Cristóbal Colón, para tener su punto culminante a mediados del siglo XX, con la creación de un sistema mundial poscolonial teniendo como referencia, en el por un lado, el surgimiento de un sistema monetario global (...) y, por otro lado, el proceso de descolonización de la década de 1950. El último capítulo de esta serie de eventos tuvo lugar en 1974, con la salida de los portugueses de sus posesiones de ultramar después de la famosa Revolución de los Claveles. Por lo tanto, la Historia, en el sentido exacto del término, va de 1492 a 1974. (...) Desde el punto de vista de una teoría de la acción, la Historia sería la fase triunfante del unilateralismo. El estilo de acción unilateral es el *modus operandi* adoptado por los europeos del período crítico: digamos, desde Cristóbal Colón hasta Adolf Hitler. (...) Lo que llamamos Historia corresponde exactamente a ese período en el que se logró el éxito sin cuestionar los medios ni la reacción de las víctimas. Si la Historia ha terminado es porque hemos entrado en una era dominada por el descubrimiento de los efectos secundarios y retroactivos. El futuro pertenece a la preocupación por las relaciones mutuas y la reciprocidad. Un mundo en red está necesariamente estructurado por la lógica de la multipolaridad y por un *feed-back* más o menos inmediata de cada iniciativa que se emprende". Entrevista con Peter Sloterdik, en Melik Ohanian y Jean-Cristophe Royoux (Eds.), *Cosmograms*, Kristale Company, Paris, 2005.

en el sentido de una actividad que afirma el problema; hay investigación y riesgo en la búsqueda de caminos, de actividad, de movimiento. Inmediatamente, lo que se puede ver es que, en su inserción académica, el artista-investigador no se configura de manera homóloga aquel héroe histórico, adelantado a su tiempo, por el solo hecho de estar al frente de la línea de investigación –en la academia, hay otro enfrentamiento y, sobre todo, una mediación institucional compleja y poco fluida, indicando la necesidad de un movimiento diferenciado junto al circuito. Parece una obviedad (aunque, para algunos, es invisible), pero no hay manera de que el artista-investigador se ponga delante de los procesos artísticos si su entorno de trabajo no está permeado también por cuestiones de la sociedad, el circuito del arte y sus relaciones: el artista "avanzado" no se caracterizaría simplemente por trabajar de manera única con una serie de importantes herramientas conceptuales, desarrolladas por él en laboratorio, sino sobre todo por establecer efectivamente los ritmos relacionales a partir de los cuales estas herramientas se entrelazan con temas del contexto (sistema de arte incluido). Estar ante los estudios académicos no significa necesariamente desarrollar estrategias interesantes para el debate artístico si la academia sólo se mueve en la circularidad de dinámicas autolegitimadoras aisladas, en las que la evaluación se preocupa más por medir sus propios mecanismos burocráticos que por las dinámicas que escapar de él y buscar resonancia más allá de sus paredes.

No es tarea sencilla, por lo tanto, construir un espacio de investigación en artes, en la universidad, que mantenga abiertos los cauces con el circuito del arte: faltan conexiones preparadas para conducir los enlaces entre un sector y otro, con la flexibilidad necesaria; luego, reunir "artista" y "artista-investigador" en un esquema productivo implica un esfuerzo considerable para entrelazar diferentes demandas y diversos procesos de legitimación. La extraña esquizofrenia –si es posible decirlo así– que se manifiesta cuando, al fin y al cabo, se quiere combinar arte e investigación, cuando se trata de la perspectiva de trabajar doblemente para satisfacer ambas demandas –tensando ambos lugares con la re-dirección de la dinámica de uno a otro–, se manifiesta cuando cristaliza la escisión entre las partes, reduciendo al mínimo la posibilidad de traspasar fronteras. Construyéndose pasajes productivos, es de esperarse una afluencia del laboratorio universitario para dentro del circuito del arte, produciendo la posibilidad de un lugar donde los proyectos de intervención (obras y otras variantes) sean portadores de una dinámica de pensamiento interesante y potente; así como el esfuerzo de producir una desviación del circuito que se propaga por los meandros de la universidad, seguramente dará lugar a una corriente de aire que podrá disolver ciertos hábitos normativos propios del espacio académico, que con frecuencia impiden el surgimiento de procesos. Es necesario aire y constante insistencia, por un lado o por otro, a partir de una actuación allá o aquí –lo que importa, finalmente, es creer en una fuerza ácida del arte en flexibilizar impedimentos y afirmar lugares y espacios partiendo de pasajes y conexiones.

18
Conversaciones

Las *conversaciones* son una forma de pensar, en la que el yo se abre hacia el exterior, produciendo un espacio social especial donde no predomina un único lenguaje verdadero. Posibilitan la transformación de la voz del otro. Se trata entonces, de la elección del "otro-más-allá-de-mí", que habla a través de su alteridad. Las *conversaciones* son fluidez y flexibilidad; capacidad de percibir los pensamientos del otro. Y como todo significado es relativo y provisional, hay una cierta tensión que apunta también a otros contextos posibles.

Las *conversaciones* como un tipo de diálogo que posee su propia dinámica, sorprendiendo siempre a los participantes. Las mejores *conversaciones* son aquellas que ambos conversantes no pueden controlar, funcionando como una especie de imán externo que atrae el uno y el otro hacia el lado de afuera –produciendo una apertura performativa que necesita ser experimentada, probada. Las *conversaciones* tienen lugar como una situación de juego, e implican cierta práctica sobre cómo mantenerse en un estado permanente de atención y cambio (flexibilidad). No hay nada específico que lograr en una *conversación*, excepto que cuando los participantes sienten que están fuera de ella –es decir, cuando han terminado un diálogo en particular– ya no pueden simplemente volver a los mismos lugares que habían dejado antes (alguna transformación debe haber sucedido). Por lo tanto, la *conversación* es una modalidad de movimiento.

---

*   Con la colaboración de Bojana Piskur.

19

4br

El proyecto presentado en *On Difference #2*[67] pretendió establecer un diálogo bidireccional, tanto con las propuestas y premisas del evento como con el escenario local de Brasil –de donde provienen las iniciativas invitadas EXO.org (San Pablo), artesvisuais_políticas, Zona Franca y Planeta Capacete (Río de Janeiro), cuatro experiencias brasileñas recientes de organizaciones dirigidas por artistas e intelectuales, que han apostado en crear nuevas áreas de acción.

Es muy significativo, al momento de organizar la presentación de un conjunto de trabajos en un evento internacional, saber que los interrogantes que suscitan las piezas expuestas estarán ingresando a un nuevo escenario, puesto a disposición de la discusión como parte de las demandas que fluyen en un circuito artístico ahora más amplio, cada vez menos restringido a los límites del llamado espacio sociocultural y económico "Occidental" –a su manera, el proyecto *On Difference* es un síntoma y un gesto crítico en relación con tales procesos de cambio. Siempre me ha quedado claro, desde un principio, que una de las "peculiaridades" del espacio internacionalizador es, precisamente, su permanencia fuertemente adjunta a los centros de poder económico, cuya fuerza atrae a sus propios territorios cuánto puede suscitar interés. La tarea de trasladar proyectos de sus escenarios locales al espacio internacional implica el riesgo de perder los rasgos concretos que los caracterizan como casos particulares y efectivos en sus propias condiciones situacionales. Por lo tanto, es importante señalar aquí que la sección *4br* de *On Difference #2* pretende producir algún tipo

---

67 *On Difference*, que involucró investigación expositiva y editorial, fue conducido en tres etapas por el Würtembergischer Kunstverein Suttgart: *On Difference #1 - Lokale Kontexte, Hybride Raüme* (2005), *On Difference #2 - Grenzwertig* (2006); *On Difference #3 - Politics of Space* (Ed. Iris Dressler e Hans D. Christ, 2007).

de retroalimentación en relación con su escena local, que sea capaz de involucrar a cada uno de los cuatro segmentos –no como un plan futuro, sino como un presente: esto es, desplazar la espacialidad actual de las cosas a través de alguna *conversación* entre diferentes contextos:

> No hay algo específico a lograr en una *conversación*, excepto que cuando los participantes sienten que están fuera de ella –es decir, cuando han terminado un diálogo en particular– ya no pueden simplemente volver a los mismos lugares que habían dejado antes (alguna transformación debe haber sucedido). Por lo tanto, la *conversación* es una modalidad de movimiento.[68]

Los cuatro proyectos invitados involucran, cada uno a su manera, estrategias colectivas, en el sentido de obtener resultados del movimiento de estar juntos, reunirse: artistas, escritores, arquitectos, intelectuales en algún momento decidieron que era necesario juntarse como grupo, no sólo para enfrentar las adversidades sino principalmente para crear su propia estructura y espacio de acción. Este es el caso de EXO.org, Planeta Capacete y Zona Franca: son iniciativas que surgieron con el objetivo claro y concreto de "producir un nuevo espacio de producción" –entendieron que era absolutamente imposible crear cosas nuevas sin establecer y estructurar otras formas de agenciamiento (de lo contrario, todo lo que hicieran sería una repetición estéril). Por lo tanto, la tarea de decidir cómo proceder implica siempre un desvelamiento paso a paso de los aspectos a través de los cuales las acciones pueden construir su efectiva ocurrencia. Esto no es diferente, por supuesto, para artesvisuais_politicas: aunque el grupo se formó como una reacción directa y urgente a un tema político/cultural (el contrato entre la Ciudad de Río de Janeiro y la Fundación Guggenheim), su forma de actuar como grupo siempre ha sido un fuerte tema de discusión entre sus miembros. Los cuatro proyectos son ejemplos de estructuras colectivas y experimentales que contribuyen a la búsqueda –hoy tan urgente– de otras formas de organización y acción, formas de resistencia que también son formas de producción.

68 Ver Bojana Piskur y Ricardo Basbaum, *Pogovarjanja/Conversations/Conversas*, proposición curatorial, Skuc Gallery, Ljubljana, 2006 (publicado en este libro, p. 166).

Si bien es claro que estos colectivos se formaron en estrecho contacto con sus contextos locales (brevemente: Zona Franca y la necesidad de exhibir trabajos multimedia; EXO.org y la producción de una plataforma de investigación; Planeta Capacete y el establecimiento de una estrategia editorial independiente; artesvisuais_politicas y la urgencia de las cuestiones políticas vinculadas a la mercantilización de la cultura) –y, en ese sentido, su principal territorio de acción ha sido Brasil– también es visible que, a la luz del actual nuevo orden global, los problemas que abordan no son exclusivos de los entornos en los que están decididamente inmersos. De hecho, los cuatro colectivos se involucraron en situaciones que demuestran cómo los artistas e intelectuales están alterando sus roles en las sociedades actuales, negociando posiciones desde las cuales pueden escapar de las circunstancias comerciales y espectaculares que parecen regular las llamadas prácticas artísticas y culturales dentro de la nueva economía global. Sin algún tipo de autonomía en relación con ciertas conexiones y nodos en las redes del circuito de las artes, sería imposible producir intervenciones e interferencias para resistir la forma en que el arte ha sido capturado por las principales fuerzas económicas –sobre todo las corporaciones internacionales (que combinan intereses tanto privados como estatales). Luego, la necesidad de invención de nuevas estrategias de acción por parte de artistas e intelectuales ha constituido una serie de respuestas experimentales a un problema que se encuentra "en todos los lugares", desde una perspectiva global: la producción de conocimiento y su inseparabilidad de la agenciamiento necesaria para organizarlo y manejarlo. No es que los artistas deban tomar siempre en sus manos la lista completa de tareas de las redes de producción, sino que la invención del lenguaje del arte –pensar desde los sentidos y no obedecer ciegamente a los discursos *ready-made* y al *logos* imperativo– también implica en intervenir en las capas de mediación (para los artistas, esto significa inmediatamente mezclar sus roles con al menos algunos rastros de producción de conocimiento crítico y curatorial; para los intelectuales, sería importante encontrar alternativas a las universidades como único polo para la práctica de la investigación).

En referencia a cada uno de los cuatro proyectos presentados por *4br* en *On Difference #2*, es posible encontrar rasgos importantes de este tipo, experimentados en los contextos de Río de Janeiro y San Pablo. Cuando Zona Franca comenzó a producirse como un evento semanal con una duración inesperada de 52 semanas, fue síntoma de la presencia de una intensa red (o enjambre, en el sentido orgánico de su dinámica[69]) que permeaba la escena artística de la ciudad. Era bastante claro que el sistema institucional establecido no era capaz de lidiar con tal energía y que los jóvenes artistas que salían de las escuelas de arte ya no estaban interesados en iniciar su producción con soportes convencionales (pintura, dibujo, escultura, etc.), prefiriendo arriesgarse a conectar con las líneas ampliadas de las prácticas multimedia (video, performance, intervención, música), adoptando poéticas hibridantes. Dos aspectos deben mencionarse rápidamente (para un mayor desarrollo): al mismo tiempo que el inicio de la Zona Franca, el banco privado brasileño más importante inició un programa cultural, centrado en las artes visuales, Projeto Rumos[70] –ciertamente, su departamento de marketing estaba atento a la misma dinámica cultural que impulsaba Zona Franca, y su motivación era también lucrar (esta vez, literalmente)[71] de las mismas fuentes. Zona Franca y Projeto Rumos son de hecho eventos antipodales, que indican dos formas de agenciamiento completamente diferentes. El hecho de que ambos hayan

---

69   Para una discusión sobre la red "como una distribución espacial de nodos (cosas) y bordes (acciones)" y el enjambre "como una colectividad que se define por la relacionalidad", ver Eugene Thacker, "Networks, Swarms, Multitudes" ("Part One" y "Part Two"), <Ctheory.net>, <https://web.archive.org/web/20190804204623/https://journals.uvic.ca/index.php/ctheory/article/view/14542> [Part One]; <https://web.archive.org/web/20190806215544/https://journals.uvic.ca/index.php/ctheory/article/view/14541> [Part Two]; Brian Homes, "Network, swarm, microstructure", disponible en <https://www.multitudes.net/network-swarm-microstructure/>.

70   Para una autopresentación completa del Instituto Cultural relacionado con el mencionado banco, ver <https://www.itaucultural.org.br/quem-somos>. "Rumos" es su principal proyecto cultural, destinado a "apoyar la producción artística e intelectual en sintonía con la creatividad brasileña. Rumos colabora para la promoción y desarrollo de cientos de obras y artistas de las más variadas expresiones y regiones del país".

71   "'¿Por qué el campo empresarial [*business*] invierte en las artes?" Un folleto publicado recientemente por BCA ofrece una respuesta: 'El campo empresarial [Business] está invirtiendo sus recursos en las artes porque aumenta las ventas, atrae empleados, potencia las relaciones entre empleados y clientes, ayuda en el desarrollo de nuevos mercados, aumenta la percepción pública de la empresa y, en algunos casos, aumenta los valores de las propiedades'". Extracto del folleto de Business Committee for the Arts [BCA], de 1988, citado por Richard Bolton, "The Avant-Garde in the '80s", Grant H. Kester, (Ed.) *Art, Activism, and Oppositionality*, Durham, Duke University Press, 1998.

emergido al mismo tiempo (y que muchos artistas participaran en ambas estructuras) es indicativo de la idea de que si la cultura puede contar de vez en cuando para el apoyo financiero de algunas de las principales instituciones capitalistas, la seguridad económica no es suficiente: siempre habrá ser necesario organizar eventos periféricos que, incluso con un apoyo mínimo, puedan aportar la intensidad necesaria para hacer avanzar las cosas. En particular, gran parte de la fortaleza de Zona Franca no es consecuencia de la falta de apoyo adecuado a la producción (la pobreza no es un valor absoluto para el arte); su importancia se impuso porque con cada nueva edición el evento se ponía en tela de juicio, poniendo a prueba sus límites en condiciones extremas; los agentes productores ni siquiera podían garantizar si continuaría una semana más –la siguiente. Tomar tal riesgo tuvo como efecto que todos los lunes el evento debía ser reafirmado nuevamente, no sólo por los artistas sino también por el público; y así fue, hasta el final[72].

Planeta Capacete apunta a la experiencia del artista como editor: muchas de las decisiones editoriales de la publicación implicaron establecer una red, conectando desde una plataforma común –movilidad, autonomía, experimentación, iconoclastia "light" etc.– artistas y practicantes del arte contemporáneo. El diseño gráfico y la impresión siempre han seguido una estrategia de bajo costo, lo que permitió que el periódico tuviera una amplia distribución –los modelos gráficos y otras decisiones formales fueron determinadas a cada número por un artista diferente, lo que resultó en un conjunto de formatos diversos: algunos incluso extremadamente frágiles para permitir un manejo adecuado, en términos de lectura básica y estándares visuales. Curiosamente, después de un período (12 números) la publicación se interrumpió repentinamente, como Zona Franca: ciertamente ya había cumplido su función (tornar una red visible y concreta) y su realizador[73] deseaba emprender algo más…

---

72 Fue Adriano Melhem, uno de los productores de Zona Franca, quien notó la sincronía entre ZF y Projeto Rumos. Melhem también realizó una pieza, junto al artista Ducha, en la que se tatuó el logo del Banco en la cabeza. V. Adriano Melhem de Mello, "Zona Franca", *Arte&Ensaios*, Rio de Janeiro, n° 8, 2001. Para documentación sobre Zona Franca, ver <http://www.alexandrevogler.com.br/projeto/a-revolta-do-zona-franca/>.

73 El proyecto fue coordinado por Capacete Entretenimientos. Ver <http://capacete.org/>.

Dos arquitectas crean EXO.org[74]: la estrategia es desarrollar investigaciones en torno a aspectos de las megaciudades contemporáneas –San Pablo, como primer paso– invirtiendo en la interfaz entre arte, urbanismo, arquitectura y áreas afines. Para EXO.org, el *arte* y los *artistas* no implican el simple entretenimiento y la producción de espectáculos, sino el posicionamiento como agentes productores de conocimiento, como en cualquier otro campo de investigación –aunque, por supuesto, basados en un conjunto particular de herramientas y prácticas. Lo que parece decisivamente importante es que, a través de diversos proyectos, EXO.org está estableciendo posibilidades de investigación y pesquisa organizada desde una iniciativa colectiva e independiente, mucho menos comprometida (pero ciertamente más involucrada) que el típico aparato institucional gigantesco de las universidades. Desarrollo y ejercicio de una propuesta alternativa, a través de la autoorganización autónoma.

El caso de artesvisuais_políticas es bastante particular y característico de cómo se aborda el campo del arte en la nueva economía global: uno de los ejemplos más claros es la Fundación Guggenheim y su proyecto Museo-franquicia. El grupo se formó como reacción directa a la forma en que la Ciudad de Río de Janeiro negoció el contrato con la Fundación Guggenheim para la construcción de un museo en la ciudad. artesvisuais_ políticas siempre enfatizó que *el* problema no era el museo en sí, sino el contrato y el hecho de que una institución privada debería instalarse en la ciudad con sus propios recursos económicos. El problema, por supuesto, fue que el Museo se presentó apenas como un pretexto para un plan urbano y económico –arte y cultura tratados como accesorios publicitarios de lujo para otros objetivos, que no estaban claros. El grupo exigía transparencia en las negociaciones –tener acceso al proyecto arquitectónico, al contrato, etc. Para el gobierno municipal, sin embargo, establecer un diálogo con el circuito del arte y sus especialistas nunca hizo parte de la agenda. Cabe mencionar que internet fue una herramienta crucial para la organización de artesvisuais_politicas: después de las primeras reuniones, se creó una lista de discusión, con el correo electrónico como principal medio de comunicación. Borradores de documentos, firmas en apoyo de

74   Ligia Nobre y Cécile Zoonens. EXO.org concentró sus actividades entre 2003 y 2007.

peticiones –todo fue organizado por el sitio web Canal Contemporáneo[75], que desempeñó un papel decisivo. Pero quisiera subrayar dos aspectos de los gestos de artesvisuais_politicas:

1. como ambiente performativo para su primera gran acción, el grupo eligió el Carnaval –de hecho, existe una tradición en Río de Janeiro de usar el Carnaval para manifestaciones políticas: el resultado es una forma de protesta sin rencor, donde los manifestantes se divierten, con humor, bailando y cantando, vistiendo trajes de producción propia. En febrero de 2003, el grupo artesvisuais_politicas fundó el Bloco Bienal de Carnaval Vade Retro, cuya samba inaugural tenía el siguiente estribillo: "hay mucho capitalista / si no hay artista / no hay museo"[76];

2. en parte como resultado de las acciones realizadas por artesvisuais_politicas, en parte como consecuencia de la movilización general de la sociedad, fue de hecho un político de la ciudad de Río de Janeiro quien logró paralizar las negociaciones para la construcción del Museo Guggenheim, a través de una solicitud que no podía ser contestada en ninguna instancia[77]. Tal gesto fue decisivo, no hay duda; pero es importante prestar atención al hecho de que sólo cuando los artistas pudieron incorporarse a otro sector de la sociedad (la política profesional) se logró un resultado concreto. Cabría indagar qué es lo característico de las manifestaciones políticas de los artistas: ¿habría un límite en las acciones del arte, en el sentido de que siempre será necesaria otra área de actividad para obtener un resultado directo e inmediato? ¿Será que las acciones de los artistas, en términos de una conciencia particular, están mucho más cerca de procesos caóticos

---

75 Así se presenta *Canal Contemporâneo*: "A partir de nuevos conceptos mediáticos como Comunidad Virtual (H. Rheingold), Medios Radicales (J. D. H. Downing), Medios Tácticos (D. Garcia/G. Lovink), entre otros, Canal Contemporâneo desarrolla una comunidad digital centrada en el Arte Contemporáneo Brasileño para promover la sociabilidad, la información, la participación política y el sentido de pertenencia, con el objetivo de provocar transformaciones en su contexto. Con la participación de diferentes integrantes, se informa y discute arte, circuitos, sistemas, políticas públicas". Disponible en <http://www.canalcontemporaneo.art.br/>.

76 *Vade Retro*, compuesta por Márcia X, Macalé y Xico Chaves. Grabado en enero de 2006 en Haikal Studio, Rio de Janeiro. Disponible en <https://soundcloud.com/rrb-998366862/marcha-vade-retro>.

77 El político Eliomar Coelho habla de este proceso en una entrevista publicada en el libro de artista *A New Domestic Landacape?* de Karin Schneider (Fundación La Industria. Caracas, 2004).

y no lineales? ¿Podrá ser la producción de no linealidad su fuerza y especificidad? Ciertamente, las actividades de artesvisuais_politicas pueden contribuir a esta discusión.

Me quedo particularmente feliz de notar que más de 250 nombres de artistas pasan por *4br,* muchos estando presente a través de actividades realizadas en dos o tres proyectos: eso revela que las cuatro iniciativas efectivamente jugaron (o juegan) un papel activo en la construcción de redes reales en el contexto del arte local. Tal malla de conexiones no podría construirse artificialmente, y está claro que las iniciativas no solamente contribuyeron a su desarrollo sino que también fueron posibles por el hecho de que estas conexiones ya estaban allí. Puede decirse que los cuatro proyectos aquí presentados ya fueron concebidos desde un cierto 'modo de red', que aprovecha conscientemente los grupos y circuitos existentes para establecer allí prácticas y procesos.

Una última observación: la instalación de *4br,* en el espacio del Kunstverein Stuttgart, está planeada como una especie de *escultura curatorial,* una modalidad de intervención plástica/visual en la que los grupos invitados son los materiales conceptuales utilizados para ocupar el espacio –de hecho, "material" aquí significa "problema", y apunta a un cierto "espacio de problemas" donde se producen preguntas. Entrar en contacto con *4br,* en el contexto de *On Difference #2,* es tener la oportunidad de experimentar los hechos de un determinado contexto (local) presentados para operar en otro circuito (global) –la exhibición como herramienta de investigación.

20

Desplazamientos rítmicos:

el artista como agente, como curador y como crítico

Para construir un acercamiento a la obra y al desempeño de Marcel Broodthaers, traeré aquí algunas observaciones sobre la práctica del artista contemporáneo en su desplazamiento por el circuito del arte. Broodthaers es uno de esos artistas cuyos aspectos fuertes e interesantes de la obra residen sobre todo en las decisiones relativas a su actuación, a través de gestos que se extienden más allá del momento de producción de la obra-objeto y tocan los contornos del sistema del arte en sus diversas instancias de agenciamiento, comentario y construcción del evento. Hay en procedimientos de este tipo, una inevitable mirada sobre uno mismo –no como individuo o sujeto psicológico– sino más bien hacia el *dispositivo de actuación* que se va construyendo, es decir, la figura del artista, la imagen del artista, el tipo de artista que se está produciendo en el momento de la producción de la obra. Tales preocupaciones no son precisamente el resultado de una "elección" simple y directa, sino mucho más el inevitable despliegue de una condición del "campo" de trabajo: es decir, no hay manera –dentro del régimen de opciones de movimiento del artista, ofrecidas en cada momento a través del circuito– de tomar decisiones de acción que no impliquen, al mismo tiempo, la conformación, deformación, distorsión, delineación y re-delineación de la figura del artista, de lo que significa ser artista, de el artista como *dispositivo de trabajo* que tanto precede como sucede a la obra.

La noción de artista como un "dispositivo de actuación" –aunque sólo puede ser inherente a la condición misma de invención y autonomía del arte a partir del Renacimiento y la modernidad, con el énfasis en su actuación siendo gradualmente inclinada del virtuosismo artesanal a la producción de dispositivos sensibles de pensamiento –se señala claramente, a partir de referencias del arte contemporáneo, tanto por los procedimientos traídos a la superficie como resultado de las proposiciones del arte conceptual como por la práctica del *body-art*– en cualquier caso, está en juego no sólo la discusión de los mecanismos para operar dentro de la disociación entre los límites del 'sujeto empírico' y el 'sujeto artista' (allí donde ocurren los desplazamientos arte&vida), sino también la presencia del propio cuerpo como uno de los materiales de trabajo, así como la producción de 'imagen del artista' como elemento intercesor junto a un sistema o circuito de mediación. Teniendo como referencia un determinado conjunto de prácticas constitutivas en el campo de las artes visuales, ese(a) agente productor(a) allí involucrado(a) estará necesariamente trabajando en una determinada construcción de sí mismo(a) –con gestos y atribuciones *a priori* y *a posteriori*–, al mismo tiempo como condición de posibilidad y derivación inmediata de las acciones emprendidas.

En su importante secuencia de textos, bajo el título de "Educación del An-Artista, Partes I, II y III"[78], el estadounidense Allan Kaprow, por ejemplo, desarrolla comentarios sobre un modelo de artista efectivamente producido durante las diversas maniobras emprendidas en el desarrollo de las preguntas de sus obras: al proponer formas de caracterizar y producir "an-artistas" (a través de la educación como instrumento transformador), Kaprow delinea el perfil de lo que él cree que es el "dispositivo de actuación" más productivo para enfrentar la paradójica región del arte&vida: enfatizando el humor como parte del proceso de "an-artizarnos" [*un-art*

78 Las tres partes de "The Education of Un-Artist" fueron publicadas, respectivamente, en 1971, 1972 y 1974. Cf. la recopilación *Essays on the blurring of art and life*, con estos y otros textos de Allan Kaprow, editada por Jeff Kelley, Berkeley, University of California Press, 1996.

ourselves], "evitar todo rol estético, abandonar toda referencia para ser artistas de cualquier tipo. Al convertirnos en an-artistas, sólo podemos existir tan fugazmente como los no artistas, porque cuando se descarta el arte como profesión, la categoría de arte pierde sentido, o al menos se vuelve anticuada"[79]. Interesante en este ejemplo es que percibimos el desarrollo de una modalidad de artista que es tanto el resultado de un proceso de investigación e invención del lenguaje como una condición para la continuidad del trabajo.

En otro registro, Vito Acconci llama la atención sobre el desarrollo de su lenguaje de acción y performance donde él es un instrumento de trabajo de sí mismo:

> Si me especializo en un medio (…) estaré definiendo un terreno para mí (…), en lugar de volverme hacia el terreno, cambiaría mi atención y me volvería hacia el "instrumento", me enfocaría en mí mismo como el instrumento que actuaría en cualquier terreno que, de tiempo en tiempo, estuviese disponible. Pero estoy centrado en mí mismo desde una distancia: me veo a mí mismo, veo el lugar, las figuras que me rodean... (Soy demasiado distante para ser visto como un "yo": soy visto desde afuera: puedo ser considerado apenas como un "transportador físico").[80]

En el caso, Acconci se desarrolla como artista a partir de experiencias en las que su cuerpo-propio y cuerpo-obra se superponen deliberadamente (para Antonio Manoel esto sucedió en un instante, en 1970, en el MAM-RJ), haciéndole experimentar la posibilidad de desarrollar proyectos en el que uno se transporta de una situación a otra, en el que el cuerpo físico como un elemento más de uno mismo implica la reinvención de uno mismo como artista. En este otro pasaje, Acconci indica, una vez más, cómo en el intrigante proceso de movilización del propio cuerpo como objeto indica, de hecho, la construcción de un *modus operandi* en el que, al mismo tiempo, se reconstruye como artista: "[en 1969] la forma en que comenzaba un trabajo era pensar en mí no tanto como un objeto sino

---

79 A. Kaprow, "The Education of the An-Artist, Part I", *op. cit.*

80 Vito Acconci, "Steps into performance (and out)", *Luces, cámara, acción (...) ¡Corten! - Videoacción: el cuerpo y sus fronteras*. IVAM Centre Julio González. Valencia, 1997.

como un instrumento que podría entrelazarse con un sistema ya existente en el mundo. ¿Cómo podría conectarme a este sistema? Todo comenzó para mí con nociones de movimiento, probabilidad, instrumentos."[81]

Es interesante no ver como simple coincidencia el hecho de que tanto Vito Acconci como Marcel Broodthares hayan pasado de la literatura al campo de las artes visuales: ambos cruzaron fronteras entre circuitos, habiendo procesado en este pasaje una reinvención de sí mismos en el sentido de fabricar nuevos dispositivos de acción frente a un contexto diferente, elegido voluntariamente. Ya sea para A(cconci) o B(roodthaers), existe la motivación de algún tipo de apertura implícita en el salto de un lugar a otro. Escribe Acconci:

> Cuando te conduces a un callejón sin salida, tienes que salirte. Para mí, la salida fue hacia afuera del contexto de la escritura, hacia afuera del contexto de la poesía, hacia adentro del contexto del arte. ¿Por qué el contexto del arte? Porque a fines de la década de 1960 (…) el arte parecía ser una especie de campo "sin campo" (…) sin características propias (…) un campo en el que podías importar cosas de otros campos, de la tecnología, de la sociología, etc.[82]

Broodthaers, al emprender su "viaje del mundo de la literatura a las artes plásticas"[83], también deja registrados algunos comentarios interesantes y singulares –vale recordar que se trata de un paso tardío, pues habiendo iniciado sus andanzas en el contexto literario en los años que siguió a la Segunda Guerra Mundial, fue recién en 1964, a la edad de 40 años, que consolidó este desplazamiento, a través de uno de los rituales más caros del campo: una exposición individual, realizada en la Galerie Saint-Laurent (Bruselas). Prácticamente todos los comentaristas de su obra destacan el texto publicado en la invitación a esta primera exposición –de la que extraemos la frase inicial: "Se me ocurrió finalmente la idea de inventar

---

81   Vito Acconci, "Lecture: September 16, 2002", in (Eds.) Jen Budney e Adrian Blackwell, *Unboxed: engagements in social space*, Ottawa, Gallery 101, 2005.

82   V. Acconci, *op. cit.*

83   Miguel Leal, "A verdade da mentira. O museu como dispositivo ficcional na obra de Marcel Broodthaers", disponible en <http://virose.pt/ml/textos/v_m_completo.html>.

algo insincero y de una vez por todas me puse a trabajar".[84] Además, al referirse a la obra *Pense-Bête* (1964) –también una pieza clave en este desplazamiento, pues constituye al mismo tiempo el título de su último libro y un objeto-ensamblaje (se trata de los últimos 50 ejemplares del libro reunido bajo "una carpeta informe de yeso blanco", que impide así la lectura y apunta a "la insuficiencia mutua de la representación escrita y de representación visual"[85]; en palabras del artista: "no se puede aquí leer el libro sin destruir el aspecto plástico"[86]). Broodthaers comenta, enfatizando la diferencia entre dos tiempos, que "hasta ese momento vivía prácticamente aislado desde el punto de vista de la comunicación, siendo mi público ficticio. De repente, se volvió real a este nivel donde es una cuestión de espacio y conquista"[87].

Es curioso cómo el propio artista señala su entrada en el campo del arte a partir del gesto de "falta de sinceridad", de la adopción de una serie de instrumentos para construir lo que puede considerarse un ejercicio de "ficción como medio"[88], al mismo tiempo que, desde este gesto, ambiciona hacer con que su público deje de ser ficticio para adquirir la consistencia de una dimensión "real". Al provocar al público, en *Section des Figures* (1972), con la expresión "¡Público, estás tan ciego!", Broodthaers se mueve con soltura por los mecanismos del campo del arte, habiendo trabajado en este evento con "la contracción de un concepto de Duchamp con un concepto antitético de Magritte", resultando en la fórmula: "Esto no es un trabajo de arte"[89]. Está claramente delineada la postura de un artista que desarrolló su dispositivo actoral a partir del desmantelamiento de las estructuras

84 Marcel Broodthaers, Galerie Saint-Laurent, 1964, *apud*, M. Leal, *op. cit.*

85 M. Leal, *op. cit.*

86 Marcel Broodthaers, fragmento de la entrevista de Irmeline Leber, en el *Catalogue-Catalogus*. Palais des Beaux Arts. Bruselas, 1974, *apud* Marie Muracciole, "…Une fiction permet de saisir la réalité et en même temps ce qu'elle cache", disponible en <http://leportique.revues.org/document402. html>.

87 Marcel Broodthaers, 1974, *apud*, M.Leal, *op. cit.*; M.Muracciole, *op. cit.*

88 Rosalind Krauss, *A voyage on the north sea – art in the age of the post-medium condition*. Thames & Hudson. Nueva York, 1999. Para la autora, se trata del medio "como una forma de especificidad diferencial".

89 Marcel Broodthares, apud Douglas Crimp, "This is not a museum of art". *On the museum's ruins*. MIT Press. Cambridge, 1993.

del circuito del arte, invirtiendo convenciones y mecanismos. Mientras Magritte contribuyó con la investigación de los límites de la representación en la pintura, precipitando su implosión, Broodthaers quiere configurar un modo operativo basado en la artificialización y el protagonismo de las prácticas de desplazamiento de objetos, espacios y agentes entre diferentes roles y lugares: objetos de diferentes orígenes reunidos en una misma sala de exposición, una sección de museo establecida en una playa, visitantes trasladados a su estudio privado o llevados en autobús entre dos ciudades, un estudio privado reconvertido en museo, etc. Es necesario advertir: "no se permite público", "prohibido niños", "propiedad privada" –y, de allí, afirmar que la condición operacional del artista pasa a ser el eslogan *en movimiento*, y lo que se percibe es la reinvención de esta condición a la luz de la posibilidad de continuar efectuando tales desplazamientos y ser desplazados con ellos.

En la dinámica arriba esbozada, el primer gran pasaje tiene lugar con la oposición "poeta x público ficticio" transformándose en "artista insincero x público real": la manera de Broodthaers de conquistar una dimensión pública para su obra se confunde directamente con su entrada en el circuito del arte, la metamorfosis del poeta en artista –convertirse en artista implica comprender los límites y las especificidades de este circuito; además, indica que la singularidad de su actuación radica en emprender la maniobra de traer a primer plano el propio circuito (roles, instancias, instituciones), a través de gestos "insinceros", no deshonestos sino de orden ficcional, en los que el discurso juega un papel importante en la conducción de una narrativa incesante que puntúa cada uno de sus pasos. De modo que, al formular, posteriormente, la oposición "esto no es una obra de arte x público ciego", Broodthaers se sitúa en la línea (hoy seguramente estaría en línea) con ciertas investigaciones sobre los límites del arte conceptual y las cuestiones relacionadas con lo sensible, indicando una transformación perceptiva en curso (que retomaremos más adelante) –además de, por supuesto, apuntar a un análisis del circuito desde una categoría (el "público") propia de la nueva configuración del circuito del arte contemporáneo, y mucho menos influyente en la dinámica del arte moderno.

Si el *Museo de Arte Moderno, Departamento das Águias* fue "fundado en 1968 bajo la presión de la percepción política de su tiempo", y cerrado dentro de los "límites de la consagración, gracias a la Kunsthalle de Düsseldorf y Documenta"[90] –indicando una importante capacidad para mantenerse permeable a la dinámica de los hechos que produce y provoca– el dispositivo de acción desarrollado por Broodthaers debe también, a su manera, todo su poder y posibilidad a la similar capacidad de ocupar una región del circuito del arte donde se puede cultivar acceso abierto a sus diversos roles (artista, coleccionista, director de museo, etc.) e instancias, sin perder la permeabilidad de reaccionar ante efectos y desplazamientos. Lo que habría que destacar sería la claridad del artista al afirmar, en el tejido del circuito del arte, un lugar de pasajes, en el que ágilmente se pasa de un rol a otro, de un punto a otro, de institución a institución, de evento a evento (o incluso cruzando las categorías: de rol a institución, de evento al rol, de la institución al evento, etc.) –hay una fuerte voluntad de trabajar la dimensión de redes, nodos y conexiones, para proteger la posibilidad de movimiento en detrimento de la disipación en puntos aislados y autónomos.

Cuando, el 23 de febrero de 1962, en Bruselas, Marcel Broodthaers fue "firmado" por Piero Manzoni ("Declaración de Autenticidad n° 071"), para ser considerado desde esa fecha como "un auténtica obra de arte a todos los efectos e intenciones", su cambio entre los circuitos literario y artístico ya estaba en marcha –el gesto de Manzoni sacó a la superficie, de manera llamativa e irónica, las convenciones y rituales del sistema del arte, así como los límites de la efectividad de su juego ficcional. Experimentar el impacto de estos determinantes en la propia piel –tener la firma de Manzoni como un tatuaje– no es poca cosa; hay allí rasgos decisivos: comparar la historia del arte, inscribir las convenciones de un sistema en el propio cuerpo, cosificarse como mercancía, buscar la materialidad de los procesos, percibir algo de una dimensión orgánica de la vida que palpita entre el narcisismo y la universalidad de la realidad biológica y fisiológica[91], etc. Preguntas que inevitablemente produjeron marcas permanentes en la actuación de

---

90 Marcel Broodthaers, *carta-abierta*, Kassel, 1972, *apud* D. Crmp, *op. cit.*

91 Germano Celant, "El credo materialista de Piero Manzoni", *17ª Bienal de San Pablo - Catálogo General*, San Pablo, Fundación Bienal, 1983.

Marcel Broodthaers. Interesa aquí, sobre todo, enfatizar la producción de ciertos patrones rítmicos –resonancias, redundancias, reverberaciones– en relación al delineamiento de lo que sería la construcción de su dispositivo actoral, en el desarrollo interrelacionado de la producción de un "modo de ser artista" (operatividad, imagen, performance) y el despliegue de las proposiciones y juegos de una poética que inevitablemente escapa al exterior, a través de los intersticios de un sistema o circuito.

* * *

A partir de ahora, realizo un desplazamiento, para que los puntos de contacto con aspectos de la obra de Marcel Broodthaers, señalados hasta aquí, estén presentes en cuestiones propias de la condición de confrontación en el campo del arte actual. Interesa, sobre todo, el diálogo productivo, en el sentido de evitar la simple indagación histórica y evidenciar la presencia y transformación de ciertos temas y problemas –indicativos de una de las posibles configuraciones de los impasses que nos movilizan.

No cabe duda que la condición del artista contemporáneo implica la posibilidad de desplazamiento por diferentes roles y lugares en el circuito del arte. Ya sean las prácticas de agenciamiento, curaduría o crítica –es decir, la articulación de diferentes actividades y su desplazamiento a través de varias instancias; la construcción del evento y del acontecimiento; la articulación de mediaciones discursivas de modalidad crítica, conceptual, teórica e histórica–, es importante percibir cómo las huellas de estos modos de acción están presentes en las formas de actuación del artista de hoy. Todavía no me refiero aquí directamente a aquellos artistas que practican regularmente escribir (sobre sí mismos, sobre los demás), que se organizan en colectivos y construyen eventos, o incluso que se dedican especialmente a producir exposiciones de varios formatos y soportes –es claro que en este caso, hay una actuación que quiere diversificarse–, pero quisiera subrayar que todo artista contemporáneo toca ese hacer multiplicado: es una característica del campo que legitima su condición y posibilidad, en este inicio del siglo XXI, de delinearlo(a) como un personaje en continuo desplazamiento a través de prácticas, saberes y discursos, dotado(a) de ciertos recursos técnicos y conceptuales que hacen posible –al menos potencialmente– ese desplazamiento. Es decir, si pensamos en un artista que, hoy en día, se vuelca exclusivamente a la práctica de la pintura, tal artista nunca avanzará en su obra mientras crea *sólo* en la representación, en el plano, en la cuestión cromática, etc. –será necesario asociar la investigación estética con un discurso (técnicamente) elaborado sobre la práctica en la que se compromete; que comprende la inserción de su hacer en un circuito o sistema, percibiendo las diversas fuerzas actuantes y las conexiones adecuadas a su proyecto de inserción; que a la hora de exponer su trabajo sean capaces de buscar las mejores soluciones de montaje, sabiendo cómo ocupar el espacio, dialogar con la arquitectura y con los demás artistas presentes, etc. Caso no muestre cualquier mínimo discernimiento frente a estos problemas, asumirá un rol pasivo frente a los ritmos propios del circuito, incorporando cada decisión de acuerdo a intereses que van siempre acoplados al trabajo (hoy más que nunca, bajo el impacto de la globalización neoliberal) y, *grosso modo,* relegan las cuestiones del arte a un plano secundario y poco problematizador. En la construcción efectiva de su maniobra de intervención frente al circuito, tal artista sólo puede aspirar a algún grado mínimo de autonomía (es decir, a la protección de su capacidad de desplazamiento) si entiende su hacer como un conjunto de prácticas que incorporan no sólo las cuestiones de las llamadas artes plásticas, ya que las percibe como coextensivas con las prácticas de agenciamiento, curaduría y crítica. Se trata entonces de buscar comprender la complejidad que surge de tales acoplamientos, tanto a nivel conceptual como sensorial, considerando el desplazamiento a través de diferentes roles como un rasgo efectivamente constitutivo de las condiciones de actuación de los artistas –por supuesto que, del mismo modo, este cuadro de complejidad también se proyecta sobre los límites de la práctica de cada uno de los otros segmentos del circuito.

Es interesante notar que esa forma de concebir la práctica del artista contemporáneo indicaría, aparentemente, un alto esfuerzo por parte de este artista, en el sentido de complementar su obra con determinaciones desde las áreas de agenciamiento, curaduría y crítica –un trabajo cuádruple. Sin embargo, cuando volvemos la mirada al panorama de las primeras décadas del siglo XX –en las que surgieron algunas de las principales vanguardias históricas– vemos que la articulación de lenguajes plásticos que querían ser puramente autónomos se produce en de manera concreta a partir de un franco desplazamiento de los artistas por lo que llamamos prácticas de agenciamiento, curaduría y crítica: estos artistas desarrollaron una aguda elaboración discursiva y conceptual sobre su hacer, agenciaron sus propios eventos y proyectos editoriales, organizaron exposiciones individuales o colectivas que suscitaron movimientos, etc. Cada una de estas prácticas, entonces, también ocurrió como una invención del lenguaje, que no existe aisladamente de las investigaciones "autónomas" del campo plástico. Es necesario entonces invertir la pregunta e indagar cómo se desarrolló este proceso de segmentación del circuito del arte y cómo el campo de trabajo estableció estas diversas competencias profesionales supuestamente especializadas –las formaciones específicas y aisladas del artista, del comisario, del crítico–, garantizando reservas de mercado y toda una rica economía con reflexiones directas sobre la construcción y concepción del lugar y el papel del arte y del artista en el actual sistema hiperinstitucional del arte y en sus relaciones con el tejido social. Vale la pena intervenir en el automatismo de este proceso y producir algún tipo de desviación que signifique, al menos, la no aceptación pasiva y simple de un conjunto de contornos tal como se presentan en el día a día.

Hay tres aspectos que parecen jugar un papel clave para iniciar una intervención en este estado de cosas: la *desnaturalización*, la *politización* y las relaciones entre *arte&vida*. De manera simple y directa, la movilización de cada uno de estos rasgos produce la dinamización inicial que ayuda en el movimiento menos predecible del circuito del arte (es decir, es importante establecer estados no lineales de imprevisibilidad, riesgo, vulnerabilidad) –no aceptar los modelos a partir del automatismo de su distribución y oferta, tener en cuenta la presencia de redes de interés de diferentes grados involucradas en cualquier desplazamiento, atender a las paradojas que remiten al cuerpo vivido y sus propios ritmos. Por supuesto, no se trata de una fórmula o guía para aplicar, sino de determinantes constitutivos de un dispositivo de intervención y construcción de espacios de desplazamiento y actuación en un contexto determinado (que necesariamente nos incluye entre sus actores). De ahí que es necesario tener en cuenta, en el campo del arte –especialmente en la perspectiva neoliberal actual, en la que los valores del capital corporativo se articulan fácilmente con el área cultural– la práctica de desautomatizar todo tipo de modelos y procesos que constituyen el circuito del arte, *desnaturalizar* el propio circuito (no tenerlo como listo o terminado), una vez que sus configuraciones responden inequívocamente a un determinado estado de cosas. Asimismo, es importante *politizar* la red de relaciones que la constituyen, entendiendo que cada uno de los participantes en este circuito se cruza con líneas, bultos, nudos, etc., para así recuperar posibilidades de tejer otras conexiones, desenredarlas, atar y desatar nudos, moviéndose en grupos y colectivos, proponiendo alianzas o produciendo desviaciones. Finalmente, las cuestiones involucradas en los dispositivos *arte&vida* sobre todo, someten la obra a una serie de ritmos propios, con un papel importante en la constitución de resistencia a las fuerzas que imponen al arte una existencia 'fuera de los cuerpos', capturada por otras dinámicas –es interesante remarcar el comentario de Robert Smithson, recuperado por Guy Brett: "la existencia del artista en el tiempo vale tanto como el producto terminado. Cualquier crítico que devalúe el tiempo del artista es enemigo del arte y del artista". Aquí, el arte se afirma como "pensamiento vivo",[92] incorporado –involucrando también al otro, sacándolo de su condición de espectador pasivo.

Los tres términos destacados funcionan como "palabras de orden",[93] en el sentido de favorecer la producción de significados al indicar continuamente operaciones de 'análisis y desmontaje del circuito' como práctica que produce grietas en las tramas: es a partir de ahí que dispositivos de la acción pueden surgir en articulación conjunta con las poéticas que las animan. En otras palabras, si proponemos aquí la discusión de la construcción de la figura del artista a partir de los procesos de investigación y desarrollo elaborados en diferentes gestos de intervención, es porque se tiene cuidado de no perder algo de la irreductibilidad del poema, ya que "la singularidad del pensamiento" (el poema) no puede ser reemplazada

---

92 Guy Brett, "Introduction". *Carnival of perception – selected writings on art*. inIVA. Londres, 2004.

93 En el sentido propuesto por Gilles Deleuze y Félix Guattari, no para caracterizar el enunciado en imperativo, sino para enfatizar la "relación de cualquier palabra o enunciado con supuestos implícitos, es decir, con actos de habla que tienen lugar en el enunciado, y que solo se pueden realizar en él. (...) Las consignas [remiten] (...) a todos los actos que se vinculan a los enunciados por una 'obligación social'". *Mil mesetas: Capitalismo y Esquizofrenia*, Vol. 2, Río de Janeiro, Editora 34, 1995.

por el "pensamiento de ese pensamiento" (la filosofía)[94]. En cada uno de los temas que siguen, hay comentarios que buscan señalar con precisión los lugares de entrelazamiento y pasaje entre los diferentes roles y lugares del circuito, señalando la permanencia del poema y el signo plástico/poético como elementos irreductibles que contaminan y aceleran el campo con los ingredientes del desplazamiento.

artista como agente

Acá se trata de pensar en la posibilidad de producir articulaciones y desplazamientos que permitan el tránsito –de ideas, problemas, obras, artistas, eventos, etc.– a través del circuito del arte, no sólo en sus principales articulaciones sino también en fronteras y límites (es importante prestar atención al exterior). Tales operaciones sólo son viables desde una comprensión del 'sistema' o 'circuito' del arte –es interesante cómo esta noción se impuso con relativa facilidad, desde el arte conceptual, indicando la influencia en el tejido social de algunas de las cuestiones planteadas por la cibernética, a partir de la década de 1950. Al mirar el 'sistema' o 'circuito' necesariamente está en juego una comprensión de su funcionamiento o dinámica, ya que "la idea misma de 'circuito' ya contiene la idea de 'desplazamiento': (…) No es que queramos discutir el desplazamiento de esto o aquello, sino percibir el *desplazamiento* como un movimiento o *estado de cosas* con el que se trabaja"[95]. La cuestión sería, por tanto, pensar en "el circuito del arte, es decir, qué tránsitos se establecen a través de sus diversos 'nudos' entre los diversos componentes del sistema" en el sentido de intervenir en la presente "economía de sentido o del significado de la obra y su juego de relaciones": así, en este juego, se produce algo del orden imprevisto, en otro orden rítmico.

Mover el circuito sólo puede ser pensar en él, usarlo, reconfigurarlo para otra intervención: redibujarlo. Hay un imperativo del

<hr>

94 Alain Badiou, *Pequeño manual de inestética*, San Pablo, Estação Liberdade, 2002 [*Pequeño manual de inestética*. Prometeo. Buenos Aires, 2009].

95 Me refiero aquí a un texto de mi autoría, "Circuito de arte en desplazamiento", disponible en <http://www.videobrasil.org.br/14/port/circuito.pdf> [publicado en este libro, pp. 132-137].

presente: funcionamiento y actualización permanente. Un circuito no tiene futuro, sólo el presente de sus usos y desplazamientos aquí y ahora. Sin embargo, una dimensión virtual está presente en la medida que moviliza las posibilidades de su programa. Mientras sea capaz de viabilizar encuentros y conexiones, un circuito permanece existiendo; sin eso, se cristaliza, hibernando hasta su próxima posibilidad conectiva. Ya sean dinámicas de grupo, colectivos, revistas, laboratorios, la eficacia de las mutaciones propuestas por todas estas posibilidades de intervención está dada en la medida de la capacidad de percibir conexiones entre las cosas, manteniendo su capacidad vibratoria de producir desviaciones y redibujar –aunque sea momentáneamente– su mapa de conexiones o –de forma más perenne– imponer un nuevo recorrido a los procesos, hacerlos literalmente *pasar por aquí*. Así, circuito es también el informe, el rediseño, el traspaso de límites mirando hacia fuera de sí mismo en el ejercicio de una *voracidad conectiva*. Quizá aquí, en este volverse hacia el exterior, se puedan encontrar claves estéticas: el éxtasis sensorial siempre se da como el próximo *link* o conexión –al mismo tiempo consumo y transgresión, ya que las conexiones en un circuito se dan principalmente entre heterogéneos (relaciones, después de todo): la diferencia es la partícula que acopla. Ya sea "oficial" o "alternativo", todo son circuitos que difieren sin embargo en términos de amplitud, maleabilidad, alcance y fluidez de las conexiones, potencial para la autorremisión que busca valor en sí mismo, en la calidad de las conexiones (es decir, conexiones fuertes, conexiones débiles, estables o inestables, según sea el caso).[96]

Para el artista como agente, se trata de trabajar la emergencia del sentido desde una comprensión sensible, sensorial, de tantos desplazamientos incesantes, trabajando hacia su aceleración, desaceleración, ralentización, desvíos, etc. La percepción se agudiza al captar "perceptos y afectos"[97]

---

96 R. Basbaum, *op. cit.*

97 La terminología es de Gilles Deleuze y Félix Guattari: "Las sensaciones, perceptos y afectos son seres que, valen por sí mismos y exceden cualquier vivencia". ¿Qué es la filosofía? Editorial Anagrama. Barcelona, España, 1993, pp. 164-201.

irrumpiendo en diferentes estadios y capas de dispositivos de circulación –hay una *estética del desplazamiento del evento* como dispositivo para su vuelco y construcción de la intervención. Por supuesto, podría señalarse que tal presencia del circuito o sistema como protagonista en el juego del arte no sería efectiva sin que se produjeran transformaciones profundas en el campo social –por ejemplo, la presencia de una "esfera pública informático-mediática"[98] (indicativo de la actual crisis del espacio público) y de una economía globalizada: se instala un amplio cambio en la relación entre el arte y su dimensión de recepción. Por un lado, la "tiranía de lo público" apunta a la dilución del poema a favor de los intereses corporativos privados –cabe señalar el desarrollo de modelos para transformar mínimamente a los públicos pasivos en agentes efectivos de sus procesos (educación, mediaciones, etc.); por otro lado, "se abre el camino para una comprensión política de las dinámicas afectivas, cuando la amistad es una forma política de construir proximidad en la distancia, enfatizando las membranas y regiones de contacto y agrupación entre sujetos singulares y creyendo en el potencial transformador de la tales procesos (ninguna amistad fraternal cristiana, pacto de sangre o intimidad obligatoria con el poder: lo que se quiere aquí es un tránsito afectivo como política de alianzas entre quienes vibran en la dimensión de un combate que es el de la dinámica productiva de las acciones colectivas)"[99].

artista como curador

Acá se trata de trabajar específicamente la construcción del evento (más que su desplazamiento) en sus dimensiones plásticas, táctiles, sonoras y discursivas, añadiendo así su inevitable carácter de 'instalación' –cada exposición es, a su manera, una amplia instalación en la que el visitante se involucra multisensorialmente en una estructura que lo acoge y va más allá de los límites de cada obra individual. Todo allí –arquitectura, dimensión discursiva, posibilidades de circulación, estrategias de montaje de las obras, etc.– porta una interfaz sensible, un elemento sígnico, un signo en

98 Expresión de Pierre Levy.

99 R. Basbaum, *op.cit.*. Ver Francisco Ortega. *Para uma política da amizade: Arendt, Derrida, Foucault.* Relume-Dumará. Río de Janeiro, 2002.

la construcción de sentido que pretende el evento. El curador comienza a manejar diversos dispositivos del lenguaje plástico y conceptual, incluyendo las obras. Está en juego una amplia pragmática de las relaciones institucionales, en la que los diversos personajes involucrados desarrollan negociaciones –con la cautela de quien sabe que en esta trama ya se están produciendo estructuras de sentido y es necesario saber qué tipo de evento se está construyendo. David Medalla, por ejemplo, al proponer en 2000 a la London Biennale (auto denominándose a sí mismo su "fundador y presidente"), se preocupó por desarrollar una dinámica interna propia que regulaba los contactos y comunicaciones entre los participantes –dicha dinámica, que sin duda incorpora elementos de lenguaje experimentados y desarrollados por Medalla a lo largo de su carrera como artista[100], resultó ser decisiva para el funcionamiento del evento:

> La Bienal de Londres tendrá lugar del 1º de mayo al 31 de agosto de 2000 en toda la ciudad de Londres. Durante este período, los artistas se reunirán todos los lunes por la noche, desde las 6 de la tarde hasta la medianoche, frente a la Estatua de Eros en Piccadilly Circus, Londres, para informar al público sobre sus exposiciones y eventos, a través de la distribución de flechas impresas con información relevante (fechas, horarios, rutas de buses y estaciones de subtes) para el público interesado. Se alentará al público amante del arte a traer flores (reales, secas, virtuales, artificiales, etc.) para regalar a los artistas cuyo trabajo les haya gustado. Vamos a reunir todas estas flores en un ramo, haciéndolo flotar en el río Támesis a la altura del Tower Bridge el último día de la Bienal de Londres.[101]

En esta discusión sobre la figura o imagen del artista como *dispositivo de actuación* o *intervención*, está igualmente implícito el debate sobre los límites y contornos de la obra de arte –ya sea contenida en los límites

---

100 Es importante recordar que David Medalla ya había coordinado en Londres la galería Signals (en la década de 1960), habiendo después iniciado el grupo de "exploradores transmedia" Exploding Galaxy, actuando junto al colectivo Artists for Democracy (en la década de 1970) y trabajando junto a grupos como Octetto Ironico, Gay Galaxy, Synoptic Realists y Mondrian Fan Club (años 1980s/90s). *Cf.* Guy Brett, "Prehistoria y propuesta de la Bienal de Londres", *Río Trayectorias*, catálogo, Río de Janeiro, 2002.

101 David Medalla, "London Bienalle – statement", 2000.

físicos del objeto, o extendiendo sus líneas a el diseño del evento, siempre es necesario considerar hacia dónde van finalmente las determinaciones de orden sensible y conceptual, que indican la construcción, allí, de un espacio de problemas y dan cuenta de una serie de efectos indirectos de la irreductibilidad del poema a cualquier estructura de captura. No es difícil ver que el evento propuesto por Medalla se desarrollaría de manera diferente si estuviera mediado por una 'oficina central de producción' o incluso por la estructura hipertrofiada de una gran institución –no habría escapatoria a la inevitable burocracia, jerarquía de cargos, presiones de patrocinadores corporativos, construcción de la imagen del evento a través de los departamentos de *marketing*, etc. Cuando David Medalla contamina "el lenguaje del dirigente institucional con la misma dimensión erótica y seductora que imprime a sus trabajos"[102], no se trata, por supuesto, del capricho del artista sino de la conciencia que cada una de las mediaciones pone en juego en la construcción del evento contribuyen a la constitución de su perfil y caracterización del lenguaje, posibilitando la producción de unos dispositivos, inviabilizando otros.

Es importante dejar claro que, dentro de la construcción del evento, el formato *expositivo* es solo uno de los posibles modelos de uso –siempre es interesante mover espacios y procedimientos, desde el momento en que las propuestas de trabajo se superponen a los contornos del evento en sí, mostrando puntos comunes donde operan pasajes, transiciones, reverberaciones. No importa si la iniciativa proviene del artista, curador, productor o director de la institución –cuando existe la posibilidad de manejar con cuidado los diversos parámetros de la configuración del evento, se producen desviaciones que se espera sean productivas. Jens Hoffmann, por ejemplo, es uno de los agentes del circuito del arte contemporáneo que aboga por "una curaduría más radical (…) que cuestiona e investiga el concepto mismo de curaduría y todo el sistema que subyace a la producción de exposiciones"[103]: en su práctica ha trabajado sobre elementos de indiscernibilidad entre las posiciones del artista y el curador,

102 Ricardo Basbaum. "El artista como curador". *Panorama del Arte Brasileño 2001*. Museo de Arte Moderno. San Pablo, 2001 [publicado en este libro, pp. 55-62].

103 Jens Hoffmann, "La exposición como trabajo de arte", *Concinnitas*, 6. Instituto de Artes/UERJ, julio 2004.

dedicándose a la investigación de diferentes formatos. Aquí es claro que todos los diferentes roles dentro del circuito del arte se configuran como *prácticas*, involucrando procedimientos de diferente grado que efectivamente se han ido relajando –es decisivo que los agentes preocupados por la cuidadosa elaboración de los dispositivos de actuación (es claro que no se trata sólo de los artistas) presten atención a la dimensión rizomática que hace inseparables las conexiones entre el poema y sus mediaciones; siempre, sin una adecuada intervención en las capas mediadoras, no se produce la espacialidad adecuada para su emergencia.

artista como crítico

El texto de artista ha suscitado un interés creciente –ahora es, incluso, una clasificación ordenadora– no porque tenga un carácter documental importante o porque plantee claramente cuestiones abordadas por los artistas en sus investigaciones, sino porque indica claramente la dimensión *sensorio-conceptual* de la creación artística. En otras palabras, la especificidad del campo contemporáneo de las artes visuales ya no residiría en la búsqueda de la *pureza* de la visualidad, sino en la riqueza de su tejido contaminado por las más diversas operaciones que trabajan la articulación entre discurso y visualidad. Es en la elaboración creciente –que se vuelve cada vez más compleja– de las relaciones entre un determinado hilo discursivo y diversas maniobras que atienden a las acciones sensoriales sobre el mundo, que se hace posible la modalidad de problematización característico del arte[104]. Por lo tanto, el uso de la herramienta discursiva cobra importancia como recurso decisivo para la actuación del artista contemporáneo, ya que sus gestos de intervención no escapan a la mediación conceptual –por supuesto que el problema radica en las modalidades de

104 Para comprender la relación entre discurso y visibilidad, los tres puntos de la teoría del enunciado propuesta por Michel Foucault son fundamentales. Según el pensador francés, los enunciados y las visibilidades están en "presuposición recíproca", son "materias heterogéneas" (no tienen nada en común) y están en estado de "no relación" (hay un espacio "entre"). De ahí que sólo puedan establecer una situación de confrontación, de mutuo "combate y captura". Ver Michel Foucault, *Isso não é um cachimbo*. Paz y Tierra. San Pablo, 1988 [*Esto no es una pipa. Ensayo sobre Magritte.* Anagrama. Barcelona, 1981] y Gilles Deleuze. *Foucault*. Brasiliense. San Pablo, 1988 [*Foucault.* Paidós. Buenos Aires, 2015].

esta articulación y todo el esfuerzo en el uso de este recurso se puede perder si se moviliza de manera improductiva (es decir, jerarquizando discurso y visualidad de manera logocéntrica, desmovilizando la multiplicidad interpretativa desde una verdad única, oficializando el arte a partir de las demandas de público y poder corporativo, etc.).

Si pensamos en las visitas de Cézanne al Louvre para estudiar a los 'grandes maestros', nos damos cuenta de cómo hay una conciencia de la presencia de narrativas de la historia del arte allí, informando los caminos de su investigación plástica –a su manera, el artista allí busca intervenir en una determinada trama discursiva, ya que sus pinturas pretenden constituir la potencialidad para producir desviaciones en la trama discursiva: es necesario darse cuenta de que el uso de la especificidad del enunciado por parte del artista no necesariamente tiene que estar basado en la práctica de la escritura (ensayística, narrativa, poética, experimental, etc.), pero principalmente desde la conciencia de su modo operativo junto con la investigación sensorial y plástica –la visibilidad y la invisibilidad son también y sobre todo propiedades de la escritura.

Sólo existe la posibilidad de *pensar con el arte* (y no pensar meramente aplicado *al* arte), es decir, un pensamiento que es pura práctica, que es esencialmente móvil, que se ejerce en los espacios de problematización provocados por el choque de signos plásticos con múltiples los enunciados, que crean nuevas y diferenciadas formas de acción, sólo existe la posibilidad de un verdadero pensamiento plástico si existe, inequívocamente, la *primacía de la forma visible sobre la forma enunciativa*. Las artes plásticas serían, de esta forma, una especie de campo invertido del pensamiento, un saber al contrario –o un contrario del saber–, presionando y provocando turbulencias constantes en el conjunto de pensamientos establecidos.[105]

Así, manifiestos, ensayos, textos críticos, proposiciones, comentarios, etc., señalarían sobre todo a una lucidez de uso de la herramienta discursiva como tentáculo activo de las propuestas de intervención pretendidas,

105 Ricardo Basbaum, "Migración de la palabra a la imagen". *Gávea*, 13, Río de Janeiro, septiembre de 1995.

y allí también se inscriben los contornos de un determinado dispositivo de acción que se delinea y redelinea continuamente. Es a partir de este espacio intermedio, en el que se entrelazan discurso y visualidad, que los textos pueden ser pensados como una 'obra de arte' –no importa tanto que la oración sea visual, plástica, con escala, textura, materia, color o relieve, sino que su presencia se articula con la conciencia de la existencia de intersticios y grietas, relaciones que gestionar, dispositivos que construir. Si la crítica de arte puede ser tomada como un "terreno privilegiado de la ficción contemporánea", conviene ejercitar sus posibilidades –tal cual se articula en la revista de arte *item*,[106] por ejemplo, como proyecto editorial (para traer aquí huellas de una experiencia personal de trabajo colectivo)– dejándose contaminar:

> ¿Qué tipo de ejercicio ficcional es interesante hoy como programa de acción? Se trata de comprender las posibilidades de las herramientas para la producción de un discurso crítico, articulándolo con las condiciones del campo del arte (y de la cultura) contemporáneos: produciendo siempre un encuentro extraño, tenso, sinuoso, divertido, entre textos y trabajos de arte para confundir y superponer sus fronteras y límites. Hoy se impone un uso de la palabra ya no en el modo *reactivo* (en el que los discursos se producen a posteriori de los hechos, sirviendo únicamente para legitimarlos o criticarlos, bajo la forma del comentario) sino principalmente *prospectivo*, configurando más que nunca una forma de acción, producción de espacio y creación de un territorio. En este juego de espacialidades, la crítica y los trabajos de arte establecen un fértil protocolo de confrontaciones: mientras que los trabajos de arte establecen las estrategias concretas de ocupación, lanzándose aquí y allá bajo la forma de objetos, imágenes, instalaciones, performances, etc., el discurso teje sus líneas a través de todas estas obras, proponiendo juegos narrativos o antinarrativos de reordenación y conducción del pensamiento. Pero no basta con ocupar este inmenso campo de vértigo verbal-visual con

---

106 Publicación de arte y cultura contemporánea aparecida en Río de Janeiro en 1995, con Eduardo Coimbra, Ricardo Basbaum y Raul Mourão como editores. A partir del segundo número, Basbaum y Coimbra continúan como editores. Ya se han publicado seis números.

invenciones y experimentos visuales y discursivos: el presente nos invita a agenciar esta producción con las exigencias de la vida y la cultura, poniendo en juego la fabricación transitoria de identidades, la intervención en diferentes contextos locales, el establecimiento de virtualidades y coordenadas de acción, el desarrollo de circuitos, membranas y regiones de contacto. Es aquí donde entra en escena la revista, como soporte estratégico de un proyecto que es necesariamente colectivo en su demanda. Escribo desde un cierto circuito, el contexto del arte brasileño, con sus idiosincrasias y particularidades, límites y potencialidades. Dentro de este espacio geográfico y cultural llamado Brasil, se necesita un esfuerzo imaginativo y ficcional para producir un juego de consistencia discursiva como parte de un proyecto de intervención eficaz –que se hace visible a partir de las obras producidas por artistas contemporáneos– y entrelazado con el panorama actual de globalización y transculturalidad.[107]

Hoy, un proyecto de intervención crítica que tenga en cuenta los límites de la escritura en su articulación con la obra de arte, en un sentido amplio, tendrá que lidiar con una escritura táctil (el agregado obra de arte + texto), entender la organización espacial del componente discursivo (desde la página en blanco de Mallarmé hasta la operación de "[abstraer] propiedades del flujo de la experiencia y fijarlas en forma espacial"[108]), destacar la presencia del dispositivo operacional que se configura a partir del agregado obra + texto (y los efectos resultantes), operar desde la doble captura sensación/concepto (percepción en red).

* * *

Esta presentación partió de experiencias propuestas por Marcel Broodthaers, indicativas de una cierta manera de conducir la práctica artística que se revela inseparable de una mirada acerca del circuito del arte que la

107 Ricardo Basbaum, Foro Internacional de Revistas de Arte Contemporáneo, Ciudad de México, 1999.

108 David Harvey, *Condição Pós-Moderna*. Loyola. San Pablo, 1992 [*La condición de la posmodernidad*. Amorrortu. Buenos Aires, 1998].

legitima –en sus diversas líneas y contornos, sus instancias y personajes. A partir de esta posibilidad, Broodthaers demuestra cómo la emergencia del poema, en su compleja articulación con el campo en el que se inserta, y al mismo tiempo en su irreductibilidad (aunque parcialmente determinada por la dinámica del contexto), desencadena una potencialidad de acción como dispositivo reorganizador de su entorno inmediato. El artista que allí se forma se percibe a sí mismo como un dispositivo operativo que se reorganiza continuamente, en el sentido de extender su práctica a través de los diversos roles y mediaciones que propone el circuito.

Frente a tanto dinamismo, no hay razón para establecer arbitrariamente ningún diagnóstico. Por eso, los comentarios aquí quisieran mantenerse abiertos, en continua confrontación con las cosas. Es sólo con el propósito de *memorizar, compactar y organizar* el pensamiento que, a modo de cierre, traigo aquí siete temas concluyentes:

(1) condición contemporánea del artista que excede a la producción de objetos u obras, desplegando como valores la fluidez, el desplazamiento y la movilidad: se trata de desarrollar herramientas de trabajo que posibiliten este desplazamiento;

(2) práctica que se caracteriza por la acción y la intervención sobre los circuitos mediadores de su funcionalidad y actuación: desplazarse por relaciones y redes, comprendiéndose como resultado de esta dinámica;

(3) actuación en la construcción de eventos y situaciones, a través de la producción y administración de sus diversas capas de articulación y mediación;

(4) atención a los juegos de lenguaje (tecnología de la imagen, cuerpo, espacialidad, texto, etc.) que articulan pasajes por las áreas de continuidad que resultan en la construcción del evento y sus mediaciones;

(5) deslizamiento de los rasgos poéticos a otros sectores de la construcción del hecho artístico, contaminando el ámbito institucional y produciendo reinvenciones de roles e instancias;

(6) buscar la dimensión sensorial propia de la experiencia del contexto como proceso, teniendo el montaje de situaciones y la percepción de las estructuras del sistema como vivencias. Fenomenología del concepto: "ponerse a sí mismo y poner su objeto, al mismo tiempo en que es creado"[109].

(7) doble percepción de la obra, en su autonomía y en sus conexiones con un campo, circuito o sistema: hay otra sensorialidad operando en los cuerpos, para ser ejercitada.

Gracias y buenas tardes.

109 Éric Alliez. *Da impossibilidade da fenomenologia.* Editora 34. San Pablo, 1996.

21

Sur, Sur, Sur, Sur… como diagrama: mapa + marca

El siguiente texto fue escrito originalmente para el evento Sitac –Simposio Internacional de Teoría sobre Arte Contemporáneo– *en su 7ª edición, en enero de 2009. Anualmente, desde 2002,[110] se reunen en la Ciudad de México críticos de arte, teóricos, historiadores, artistas, curadores e intelectuales para debatir temas de actualidad en el campo. El director de Sitac VII, Cuauhtémoc Medina (crítico de arte, curador, historiador), me invitó a participar del evento, pero esta vez de una manera muy particular: además de estar presente en una de las mesas, junto a otros artistas, para presentar habla o comunicación[111] –como suele ocurrir en los simposios–, la invitación implicaba también la elaboración de un diagrama, que debía servir como emblema del evento (es decir, figurar en todos los materiales de información y difusión, como afiches, posters, carpetas, etc.). Los diagramas que realizo, combinando líneas, palabras y otros elementos gráficos, muchas veces utilizando campos monocromáticos, son estructuras cartográficas de mapeo afectivo y relacional, pero también indican la eficacia de los procesos –bus-*

---

110 Aquí puede tener una visión general de todos los simposios ya realizados: <www.pac.org.mx/sitac>.

111 La mesa de la que participé, "Desde el sur, para el sur: el despliegue de otra geografía", tuvo lugar el 31 de enero. También estuvieron presentes los artistas Magdalena Jitrik, Roberto Jacoby y Fernando Alvim, moderados por Daniela Pérez.

cando establecer dinámicas de funcionamiento en las que hay producción de pensamiento. Se trata de una plataforma de articulación de las dimensiones sensorial y conceptual, concebida como un agente intersticial –dispositivo de contacto entre una situación real y una potencial (ambas, cercanas a la variación y múltiples): además de señalar una presencia propia, autónoma e irreductible (el diagrama en contacto corporal), buscan mediar tales contactos en función de cada inserción concreta, demarcando así la producción de nuevos gestos y discursos[112].

El desafío resultó ser singular: trabajar la identificación visual del evento como herramienta para, al mismo tiempo, pensarlo. Cabe señalar que Medina concibió esta edición de Sitac a partir del tema "Sur, Sur, Sur, Sur…" –un coro construido en paráfrasis de Oswald de Andrade, quien graba "Recorridos. Recorridos. Recorridos. Recorridos. Recorridos. Recorridos. Recorridos. [Roteiros. Roteiros. Roteiros. Roteiros. Roteiros. Roteiros. Roteiros.]" en su Manifiesto Antropófago (1928): así, la tarea planteada por el simposio señaló los contornos de una problematización geopolítica, en el sentido de buscar comprender el nuevo diseño de la geografía de la acción artística en el planeta, en el contexto de la globalización, y el papel activo sin precedentes que ha jugado el Sur en este contexto. Es así como Cuauhtémoc Medina registra la pregunta, en el programa del evento, con motivo de las conferencias de apertura:

> *Con todo y las desigualdades de poder institucional y simbólico, el Sur ha adquirido un nuevo protagonismo en la textura de la imaginación global. Esta importancia se manifiesta no sólo en la ampliada geografía de la actividad cultural, sino en las superposiciones, tensiones y corrientes de pensamiento, fantasmas y sombras que lo habitan. Esos cambios, no han sido una concesión graciosa: son el resultado de la contraofensiva cultural que, sobre todo desde fines de los años 1980, planteó el cuestionamiento de la división geográfica del poder cultural y la crítica de los efectos*

112 Registro aquí referencias de dos textos de mi autoría recientemente publicados, sobre los diagramas: "Diagrams", en Peio Aguirre e Emily Pethick (Orgs.), *The Great Method*. Casco - Office for Art, Design and Theory. Utrecht, 2007; "9 Choreographic Diagrams". *Control Magazine*, Londres, abril 2009.

del colonialismo. Ha llegado el momento de someter esa empresa colectiva a un balance.[113]

Por lo tanto, el texto que aquí presento busca contextualizar el desarrollo particular del diagrama para el Sitac VII, a partir de las cuestiones planteadas por el evento. Así, lo que ya era una tarea 'doble' (marcar/pensar) se convirtió en una 'triple', ya que escribir (y hablar) se añadió al (doble) gesto de dibujar, añadiendo de hecho otra capa –discursiva– a la pretendida intervención plástica. Un detalle es importante: una versión ampliada del diagrama fue instalada en la gran sala de conferencias del evento, ubicada en el Centro Cultural Universitario Tlatelolco, utilizando como soporte los módulos iniciales de la larga pared lateral de vidrio: el material utilizado (impresión en translúcido vinilo) permitía la transparencia, y así una luz azul constante (el color utilizado en el fondo del dibujo) invadía el espacio todos los días. Para adaptarse a las grandes dimensiones del sitio, el diagrama allí instalado se reconfiguró en tres grandes bloques, que repetían y deconstruían el dibujo principal –ocupando cada bloque un área de 6,2 x 7,5 m, comprendiendo una extensión total de apenas más de veinte y dos metros lineales. En otras palabras, los tres días de conferencias transcurrieron bajo la presencia constante del largo diagrama Sur, south, sul, *al fondo de la sala, de lado.*

* * *

Quisiera desarrollar mi presentación en este Sitac VII tomando como referencia el diagrama que fue diseñado especialmente para el evento, siguiendo la invitación de Cuauhtémoc Medina. Como saben, Cuauhtémoc vino a mí con esta generosa propuesta, que involucraba dos caminos simultáneos y no necesariamente convergentes: por un lado, desarrollar una imagen que funcionara como la 'marca' o 'emblema' del Sitac VII; por otro lado, dibujar un diagrama que ayude a pensar el evento. Tarea dual: 'marcar' y 'pensar', no necesariamente en ese orden. Por supuesto, si un dibujo –mapa, diagrama– es convocado a servir como herramienta para la producción de pensamiento, es porque ya está puesto el deseo de

113 Cuauhtémoc Medina, *Programa*, Sitac VII, 2009.

pensar de otra forma –pensar sensiblemente, sensorialmente, pensar lo aún no articulado, lo impensado. Además, si el dibujo también quiere dejar huellas, producir una huella sensible, entonces ese dibujo es ante todo un *gesto*, una acción que interfiere y deja un registro, un rasgo. Por tanto, la invitación es eficaz como la producción de un dibujo –*diagrama + emblema*– que entiende la acción de pensar como un gesto que deja huellas, produce marcas. Todo pensamiento es político, en su dimensión pública de producción de rasgos: hay un reordenamiento de una situación, en público; está la proposición de un dibujo que pretende cartografiar, marcar. Construcción de una memoria artificial no abstracta que invade el cuerpo, tal es la ambición de involucramiento e impregnación del dibujo-diagrama en su forma de corazón negro desgarrado.

En mi trabajo, he desarrollado el diagrama como herramienta –es decir, usándolo desde la demanda para abrir y ocupar una especie de espacio intermedio entre el discurso y la obra de arte. Hay un proceso de construcción para obtener tal espacio, aglutinando palabras y tejiendo un espacio dinámico con líneas y diversos elementos visuales. Sobre todo, se busca establecer índices de ritmo y pulsación en el dibujo: sin un adecuado patrón rítmico, el diagrama no funciona. Sí, pulsación, producción de resonancia, vibración rítmica –son la garantía de que el diagrama se mueva y produzca las inscripciones necesarias, sin las cuales seguiría siendo una abstracción que no interviene, no mueve espacios ni ocupa regiones.

Cuauhtémoc Medina fue movido por la provocación de que el diagrama del Sitac VII podría funcionar de manera homóloga al dibujo de Joaquim Torres-García *Upside Down Map* (1943). Sí, puede ser muy interesante lanzar los dos dibujos uno al lado del otro en una provocación recíproca –dos mapas, de diferentes orígenes y diferentes propuestas. Inmediatamente, parece más sensato rechazar cualquier comparación, ya que se trata de momentos históricos absolutamente diferentes. Es claro que TG se movió en un contexto histórico-utópico moderno, buscando insertar a Uruguay –y América Latina– como centro(s) generador(es) de poder cultural. En sus dos versiones –una más geográfica, la otra más simbólica–, TG no deja de señalar en los mapas las coordenadas de Uruguay, que se mantienen cuando se invierte el mapa; sin embargo, este es un Sur colocado arriba, superior al Norte, que se extiende por encima del ecuador y por lo tanto está posicionado de manera no 'inferiorizada'. La identificación del continente sudamericano es inmediata y el gesto es claramente subversivo: se desmonta la convención cartográfica y se la pone *upside down* –lo que se busca es *figurar* en el mapa, centrarse, delinear posibilidades de acción e intervención.

Ya en el mapa *Sur, South, Sul*, dibujado para Sitac VII, hay una reubicación deliberada: no se encuentra en ninguna región cartográfica fácilmente identificable; no se sabe qué es el mar o la tierra, ni si esta región cartografiada está inscrita en algún planeta identificable –se supone que estamos en la Tierra. ¿Pero qué lugar es este? Se trata de alguna localización que se quiere demarcar, intervenir. Podría ser una isla, podría ser un continente. Los elementos cartográficos son reemplazados por palabras y algunos signos gráficos –son principalmente las palabras las que indican las localizaciones, que ya no son cartográficas para constituirse principalmente como indicadores dinámicos de un estado de cosas o de una intervención pretendida. La reubicación funciona a favor de un espacio de problemas: como lo indica la gran letra 'X' sobre el mapa –ahí hay varias incógnitas, la 'x' de los problemas, las indagaciones. Sí, los procesos de pensamiento no se hacen con certezas, sino convicciones de vulnerabilidad, indefiniciones como aventura, de atención a los terrenos y contextos que se crean. Si bien TG podía trabajar simple e ingeniosamente con una imagen claramente ordenada y modificar su gravitación, arrojándola al centro de las cosas –y está claro que hubo la inversión militante de alguien que estaba dispuesto a enfrentar las luchas de su tiempo, comprometiéndose en los combates políticos de las vanguardias–, la inversión de este mapa/diagrama se da como una forma impregnadora, desgarrada, quebrada y concebida en términos de patrones rítmicos. El cuidado rítmico que involucra este y otros diagramas que he producido es importante –como herramienta de intervención; esta es entonces la modalidad de la inserción pretendida: percibir las dinámicas existentes y querer estar en medio de ellas, en algún torbellino– pero no de una manera 'cacofónica' de simples contactos desparejados, meros choques, sino de una manera polirrítmica. Donde existe la ambición de producir marcas, hay patrones rítmicos, pulsaciones, resonancias; donde hay ritmo, algo se vuelve público: hay política, la *política de los tambores*. Constituir otros paisajes, otros escenarios, imaginarios, no sólo para encontrar lugares sino sobre todo para ubicarse, desde el agua: ¿cómo se relacionaría la inversión tierra/agua con la inversión norte/sur?

Una cosa es segura y me interesa de manera constitutiva: los cortes y desgarros, que se hacen a partir de la incorporación de la operación de descubrimiento y producción de líneas orgánicas, como propone Lygia Clark (1954) –huecos productivos en el cierre de las cosas, encuentro de diferentes superficies– se articulan en el diagrama como pulsación. Reproducción, repetición, marcas en los cuerpos, memoria: línea orgánica + política de tambores.

Son muchas las preguntas que se pueden extraer de un arte y un circuito brasileños, frente a tal diagrama/mapa. Especialmente desde los problemas del *Sur* y la forma en que se contextualizan en un circuito particular. Como otras culturas del llamado mundo poscolonial, el arte brasileño también tuvo que construirse a partir de una condición de modernidad más allá de las matrices europeas –espacio activamente conquistado, desde la elaboración de maniobras diversas, en una mezcla de matrices, hasta devoraciones extremas y combinaciones de diferencias. Hermosas posibilidades se abrieron allí, exploradas en momentos importantes y todavía disponibles, latiendo hoy como una herramienta de intervención instigadora. Pero no hay forma de ocultar la incomodidad en el uso de la expresión 'arte brasileño': sin ningún tipo de ofensa, no hay como creer plenamente en una formulación que en todo momento sólo favorece el perpetuar exclusiones, el borrar diferencias, el disimular la existencia de grupos en la confrontación y en la lucha por el poder y la hegemonía. Siempre que se perpetúe la expresión 'arte brasileño', pareciera que el rico contexto local se reduce a una colección privada narcisista y limitada –por mucha moneda que esto pueda traer al país, es justo decir que es muy poco, casi nada, frente a las intervenciones que el arte puede producir en redes conceptuales, relacionales, afectivas, etc. Por otro lado, tal vez sea mejor 'dejar en paz' una expresión tan emblemática (el arte brasileño), como si fuera algo con lo que sería mejor ni relacionarse –hay otros problemas más interesantes, más importantes: tal como se propone aquí y se articula en el mapa, la repetición *sur, sur, sur, sur...* es un pretexto para construir otro contexto, más allá de las fronteras políticas, en el que el territorio a configurar no se propone cobijar a todo ni a todos –no se trata de exclusión, sino de constitución de pertenencia a algo más grande e interesante. Cuando se trae a colación la expresión "conceptualismos del sur" –aunque se quiera precisar más– lo que está en juego es la búsqueda y comprensión de las herramientas para construir esa otra pertenencia, parcial, local, pero en red por diferentes países y grupos; lugar, forma de acción, gesto de intervención. Lo que hay son inscripciones en un campo, ¿y por qué no construir al mismo tiempo el contexto y su posibilidad de inscripción?; ¿imaginar el mapa de este paisaje y hacerlo efectivo para poder recorrerlo, transformarlo, deformarlo e incluso –como hizo TG– invertirlo llegado el momento?

Quizás uno de los aspectos más despotenciadores de las relaciones norte x sur, tal como se han configurado, es la dificultad para emitir voces a través de redes hegemónicas: participar en conversaciones, hacerse oír, participar en amplias transmisiones. Pero, al fin y al cabo, no se trata solo de estar en espacios institucionales de *fuerte* emisión; no basta en el fondo *querer* estar ahí, conquistar el derecho a actuar en el centro hegemónico; la tarea sería establecer otros caminos que pueden imponerse o no –y esto sería necesariamente el resultado de una acción colectiva más allá de las fronteras políticas. Rehacer mapas sería también grabar voces en otra geografía: enfatizar la importancia de los vehículos que estamos produciendo; renovar las estrategias de contaminación, construir una cierta autonomía de desplazamiento. La partícula que invade el diagrama, arriba a la izquierda, es una especie de signo verbivisual como un virus extra-artístico[114]. Dispositivo para acciones, moldeado en contacto directo. Es necesario establecer redes de acción más allá de las fronteras locales; contaminar a otros, dejarse contaminar.

Un mundo dividido por convenciones geográficas sólo puede entenderse desde los aspectos simbólicos de esta división: basta un pequeño cambio de punto de vista para desmantelar toda esta geografía, determinar miradas con otras posiciones. Tal división convencional no da cuenta de

---

114 Lo extradisciplinar "Comienza fuera de la jerarquía de las disciplinas y se mueve a través de ellas transversalmente, adquiriendo estilo, contenido, aptitud y fuerza discursiva en el camino. La crítica extradisciplinaria es el proceso por el que las ideas afectivas –i.e. las artes conceptuales– se vuelven esenciales para el cambio social". Brian Holmes. "Manifiesto afectivista". México, DF, *des-bordes. net*, número 0. Disponible en <https://www.enmedio.info/manifiesto-afectivista-brian-holmes/>.

la diversidad y complejidad del mundo. Cuando se quiere comunicar algo, se busca una red afectiva de afinidades –ahí hay un *centro* (transitorio, voluble, volátil, no importa): trazar tales líneas, demarcarlas en el mapa, es ya una acción de intervención de considerable contundencia, pues uno está en la contra-corriente del hábito, trayendo a la superficie otros caminos y territorios posibles. Pues esto es lo que el diagrama-marca-mapa *Sur, south, sul* pretende indicar: desde las políticas de subjetivación (yo x vos) hasta las luchas territoriales, siempre se están abriendo grietas, en el cuerpo individual y en el cuerpo colectivo: lo que hay son contactos, relaciones, conflictos, combates. Este es un mapa *sin* geografía, el antimapa como circuito, un conglomerado orgánico añadido al organismo y un lugar de movimiento colectivo, de tránsito de muchas personas. Acá no hay una escala definida a *priori*: el dibujo puede estar circulando en nuestro cuerpo (partícula, marca de experiencia) y configurar los caminos de encuentros aquí ahora, entre muchos (territorios de tránsito entre vos y yo, nosotros y ellos-ellas-elles) –o sea, al mismo tiempo muy pequeño y muy grande (no accesible a simple vista).

Si, resumiendo la propuesta de este evento, tenemos "Conceptualismo del Sur" como "contraofensiva cultural" –una "historia de la militancia y del margen" a partir de la "especificidad local con ambición de significa-ción global"[115] –es porque creemos que eso puede estar simultáneamente dentro y fuera de nuestros cuerpos.

115 Los términos citados aquí están tomados del texto introductorio de Cuauhtémoc Medina para Sitac VII. Estas cuatro frases, impresas en español e inglés, fueron utilizadas en la instalación final del diagrama en las ventanas del auditorio del Centro Cultural Universitario Tlatelolco, participando en la composición de la parte lateral derecha.

22 desplazamiento-entre-autonomías-sonido

Buenas tardes.

[sentado]

Partir ya en movimiento es muy importante, pues hace que las ideas a desarrollar no parezcan cosas estáticas, meros contenidos, sino huellas señalizadoras de un signo en tránsito, que se mueve en el tiempo y en el espacio. Así que me muevo, me pongo en movimiento, me desplazo por aquí, pasando y repasando, girando, circulando. Puedo sentarme unos segundos, mirar a mi alrededor caras y miradas, pero pronto me levantaré para continuar el camino que ya comencé –rotativo, repetitivo, serial, monótono a su manera.

[comienza a caminar alrededor del terreiro[116] en su área externa, en círculos, pero también cruzando el centro para volver al área externa]

Construir movimientos de cuerpo y de habla, simultáneos: hacer que las palabras sean al mismo tiempo transmitidas a vos y a este otro de sí mismo que es el cuerpo orgánico, con sus ritmos propios –glándulas,

116 El término "terreiro" se refiere al espacio sagrado de culto de las prácticas afrobrasileñas. Utilizamos este término aquí para destacar un lugar de encuentros y procesos, pero también porque el espacio en el que tuvo lugar la performance, en la 29ª Bienal de São Paulo, fue bautizado con este nombre por la curaduría.

órganos, hormonas, latidos y pulsaciones. Quien oye estas palabras –y ve este cuerpo en movimiento– tiene también a su lado un propio cuerpo en tanto que otro, con el que siempre debe conversar, tan constantemente que de hecho parecemos ser esa cosa indivisa que avanza por el mundo material y el mundo orgánico, haciendo de los dos procedimientos apenas uno: algo lento y viscoso, despertando en el encuentro inmediato una relación estremecedora en la piel, en su peso e impacto; y algo aparentemente invisible, que está casi instantáneamente aquí, allá e incluso muy lejos, en velocidad. Al insistir en este andar constante, rítmico, sólo quiero llamar la atención sobre este lugar común, común lugar, pero en realidad poco común: hay un habla que se lleva a cabo a través de la rapidez y la viscosidad, lo más lentamente posible, lo más rápido posible, mucho más despacio o veloz –pues lo que señalamos es el encuentro preciso de lo lento con lo ligero, ahí en la zona de contacto entre habla y cuerpo; que es lo que pasa aquí. Y eso sólo ocurre en movimiento. Más que eso, de hecho: el impulso de tal movimiento es público, porque tiene lugar en otro lugar: la región de contacto entre la piel y el habla, cuando se potencia –entendida como alteridad, conversación, contacto– hace que todo esto se active la conjunción de diferentes espacios, funcionando juntos –y ahí se establece la posibilidad de los espacios comunes, en la imposibilidad de la repetición circular. En otras palabras, estoy acá dando vueltas para crear ciertos énfasis, para hacer que las cosas sean visibles –producir visualidad, imágenes a partir de sonidos, inflexiones, etc.– trayendo a la arena la condición de entrelazamiento entre la voz y el cuerpo, a modo de conferencia: esta es una especie de amarre, lazo, nudo, que sólo se da en público. Más que la voz interior, en su comodidad o angustia, ¿no es así como se constituye un área colectiva, en las resonancias comunes entre cuerpos y voces…? Este es un modo de lo político, su principal posibilidad. Pues es en la circulación y en el movimiento que se propone aquí la producción de sentido, que se lanzan, bajo, a pesar de y con las capas de la arquitectura, inflexiones, ahora, específicamente.

[se sienta junto a la mesa, pero se desplaza entre diversas sillas]

No ignoro que me estoy moviendo en un lugar cargado de pretensiones e intenciones de distintos calibres: espacio de alta temperatura simbólica y aglomeración de intereses de muchos polos de la economía cultural –artistas y empresas corporativas, estratos sociales privilegiados y excluidos, educadores y curadores: todavía (pues puede ser que no sea siempre así, como las cosas cambian, se desplazan) aquí (Bienal de San Pablo) hay una especie de templo temporal de debates y tránsitos, donde se juegan ciertos destinos y se articulan posibilidades. Hay una afluencia masiva de partes interesadas, juegos entre bastidores, fuerte control legal, presiones de compra y venta: una típica institución de "caja-de-resonancia" –que saca a relucir síntomas amplios del juego social (y también sería interesante señalar que, a diferencia de Venecia o Kassel, esto aquí ocurre de una manera mucho más directa– lo que indica un lugar aún no completamente estratificado del arte contemporáneo frente a la sociedad en Brasil –lo digo con alegría, apostando por desarrollos futuros); y que juega un juego más grande que sus siempre eventuales participantes– todos pasan, pero queda y permanece como un funcionamiento que sólo se transforma muy lentamente (digo: lentamente, a duras penas), como si nadie realmente tocara el suelo concreto de concreto (o neoconcreto de neoconcreto), si no fuera posible producir señales claras a los que pasan por aquí y a los que enseguida vendrán, las dificultades serían marcas del espectáculo, se podría decir, o de una política institucional cuyo núcleo gestionador –pero también otros segmentos de la sociedad– se protege de los efectos involuntarios (espasmos) de sus acciones o del límite real de lo que aquí se hace realmente.

"modificaciones o micromodificaciones sociales reales: ¿en cuánto tiempo un trabajo de arte propaga sus efectos –y por cuánto tiempo?"

Aquí sería más sencillo ver lo contrario: todo el que cruza este templo simbólico deja marcas, huellas; por el conjunto arquitectónico circulan voces en el aire, *fantasmas* insistentes: es decir, choques entre sujetos y realidades, dejando señales de esfuerzos y conflictos, combates bajo la política de lo poético, tensionando las zonas de contacto (sin olvidar los umbrales de múltiples intereses).

"Para hacer el fantasma es necesario estar listo para usarlo".

"¿Quién es que usa el fantasma?"[117]

Sin duda, dos curiosas frases, vocalizadas por Jacques Lacan el 16 de noviembre de 1966, en la inauguración del seminario "La lógica del fantasma" –no se refieren sólo al "fantasma, sustantivo masculino: supuesta reaparición del difunto o de un alma perdido, en general en forma indefinida y evanescente, ya sea en su apariencia anterior o usando sus propios atributos (...)"; ni a la "imagen multiplicada que a veces se observa en los televisores, como consecuencia de las malas condiciones de recepción"[118]. La advertencia es para no moverse de ninguna manera en las capas y capas que impregnan el aquí y ahora de cualquier lugar en particular (para nosotros, esto: evento, arquitectura) –hay responsabilidad en el manejo de las memorias materiales e inmateriales, y si vamos a evocarlas es necesario merecerlas. "Lacan elaboró un matema de lo que llama la 'lógica del fantasma'. Se trata de dar cuenta de la sujeción originaria del sujeto al otro"[119]. Memoria del cuerpo, discurso público, sujeto en desplazamiento: aquí no se produce por causa propia –el compromiso más oneroso del arte está en ese fantasma que *te* mira (sin nombre, cualquier observador en su aguda intervención singular desde el delicado contacto): es un ambiente fantasmagórico, espectral, que debe estar todo el tiempo volcado hacia su exterior –¿cuántos somos aquí? [*conteo de los presentes*] ¿Habrá suficiente fuerza para invertir las capas de este edificio, produciendo nuevas puertas inéditas que satisfagan nuestros deseos de un escape inmediato al mundo, siendo impulsados por lo que cultivamos en estos instantes, por lo más interesante que ya se ha producido entre estas paredes?

Escucho un sonido de tambores. Escucho un sonido de tambores.

[silencio de 45 segundos / 60 segundos]
[camina informalmente por el área interna del patio]

En este ejercicio de ocupación del espacio a través de la voz, emitida por un cuerpo en desplazamientos ocasionales, atento, percibo el desli-

117 Jacques Lacan. "La lógica del Fantasma". *Seminario 14* (trad. R.E. Rodríguez Ponte). Escuela Freudiana de Buenos Aires. Buenos Aires, 2008.

118 *Nuevo Diccionario Eletrónico Aurélio,* versión 1.0, Editorial Positivo Informática.

119 Laplanche-Pontalis, "Fantasma", *Diccionario de Psicoanálisis.*

zamiento aquí y allá –no por un capricho cualquiera, sino para acentuar el trabajo integrado de los miembros y órganos en funcionamiento –la tensión o conversación de lo que tiene que salir de sí mismo por no poder significarse– lanzado en una políptica política de *terreiros* (que entiendo como un espacio de encuentros, funcionando como *conglomerado de alteridades*, el perfil mismo de la obra de arte) –todavía se evocan otros sonidos: justamente porque están envueltos en una experiencia concreta y necesitan evadirse y compartirse (no se trata de un problema personal, sino de una etapa en la construcción pública del lugar desde la cual es posible proponer una actividad como artista). Un pequeño texto –nunca leído a otros, en una situación colectiva, hasta este momento– demarcó mi participación en este evento (que ahora nos alberga), en 2002: es importante –para su registro, reprocesamiento, documentación, actualización, experiencia, oposición, resistencia, recuerdo, celebración, detalle, investigación, testimonio, información, pedagogía, etc.– hacerlo formar parte de la configuración única y singular que hoy se escenifica aquí. La sonoridad que se evocará es, una vez más, la de la voz que se escucha a sí misma como una desviación que la re-direcciona a otros oídos. Pero aún así: por casualidad (¿o no? efectos sin causa lineal), fue a través de la economía del sonido y el ruido a lo largo de las fronteras y límites del espacio arquitectónico, curatorial y simbólico que, en ese momento, se desencadenaron una serie de hechos: impacto de pelotas lanzadas al blanco por ávidos juegos –por lo tanto, agrego aquí las perturbaciones acústicas latentes del "sonido de impacto" y el "sonido de voz" en el montaje de un nuevo acorde disonante, alterado, invertido. Las siguientes líneas desarrollan comentarios que ubican el trabajo presentado en el contexto del evento, aportando detalles de su funcionamiento, protocolos de contacto, referencias a otras series de mi producción plástica y textual– es decir, ambientando la pieza (instalación compleja, involucrando varios medios y procedimientos) a su manera. He ido acompañando la creación de obras con textos creados específicamente para la ocasión, conduciendo la articulación sensorial-conceptual en un paso a paso en el que la conquista de un campo lleva al otro, para garantizar que la experiencia textual acompañe a la aventura plástica en proximidad y contacto: "sistema-cine", "psiu-ei-oi-olá-não", "membranosa-entre"[120], son algunos de estos momentos de encuentro. Una de las preocupaciones recurrentes es la autonomía de mi práctica (que tiene la figura del "artista-etc" como uno de sus hitos), y producir escrituras es uno de los gestos invertidos en ese proceso –nadie quiere cerrar ningún canal de recepción, al contrario: la escritura quiere funcionar como un activador de otro tipo, otro elemento de provocación y aprehensión sensible: guion del "módulo de transatravesamiento del artista-etc", así configurado:

[improvisación con rápida descripción informal del trabajo presentado en la 24ª BSP, evocando la memoria de los espectadores sobre la pieza]

> transatravesamiento
> autocontrol
> el trabajo no está dentro de ninguna habitación, él mismo es la habitación que lo contiene
> ofrecer espacios, juegos, agua, almohadones
> invitación al esfuerzo de cruzar puertas: performance obligatoria
> ser visible desde lejos, sin privacidad alguna, al mismo tiempo ver
> ir con los ojos sin cuerpo hasta donde el cuerpo no puede llegar y configurar así los espacios
> sistema en tiempo real:
> atravesar, jugar, mirar, percibir acciones en el mapa, descubrir relaciones en el mapa
> – ¿dónde estoy, dónde estamos?
> gran escultura, deambular alrededor, mirar a lo lejos
> transatravesamiento & obstáculos
> repetición de la marca, trauma,
> obsesión: librarse de ella y salir de uno mismo
> implicación del pequeño otro y del gran otro colectivo
> fantasmagórica del mundo interior convertido en anécdota
> bioquímica dominical
> transatravesamiento & aceleración

120 Los títulos de las obras aquí referidas se han mantenido en portugués. [N. de T.]

fruición física, belleza desgarrando la piel a través del cansancio
y del acogimiento

jugar: alegría los pies ponen la cabeza contra las imágenes que
pasan y piensan

rápido contagio todo el poco tiempo del mundo –repeticiones

mirar el objetivo apurado sonrisas de éxito sin premio, pero aun
así satisfecho

sonreír al círculo que rodea tu cuello cruzar los pasajes, los mús-
culos en forma

a través de la forma desformatearlos en ángulos desfavorables
portadores de promesas

yovos aquí ahora aquí vosyo –ligero desplazamiento

proceso metálico gigantesco casi suelto junto a las cosas desviando
vientos

transatravesamiento & outros

– yo quiero ver: mermelada adversa[121]

V.C.P.: vivencia crítica participante –sin salida, mi amor

entrar y salir, permaneciendo allí adentro atento a los sonidos

sí, transatravesamiento de lunes a domingo

ver sin ojos o con ojos en los pies

paisaje cine registro de pistas y sombras rumbo a nuevos lances

deflagrar el habla en la sala discursos considerados voz con importancia fundamental

& pasajes: ultra movimientos sensibles rebosantes de[122]

[nuevamente sentado junto a la mesa]

Curiosamente, la 15ª línea de lo que acabo de leer contiene un término
que fue evocado anteriormente en esta lectura: "fantasmagórica del mundo

---

121 En el original en portugués: "geléia adversa". Esa expresión utilizada por el autor es una contracción de dos términos importantes para el arte y la cultura brasileña de fines del siglo XX: "vivimos
de la adversidad" (Hélio Oiticica) y "mermelada general" (Décio Pignatari). Véase el texto de
Ricardo Basbaum "Tropicalismo, depois: de geléia adversa à adversa geléia", publicado en *Osrevni/
Inverso*, Org, Cristina Salgado e Inês de Araújo, Río de Janeiro, NAU Editora, 2022. [N. de T.]

122 Ricardo Basbaum, "módulo de transatravesamiento del artista-etc". *Catálogo de la Representación
Brasileña, 24ª Bienal de San Pablo*. 2002.

interior transformado en anécdota bioquímica dominical". Al comenzar el desarrollo de la escritura de este texto y evocar el vocabulario de los célebres "fantasmas" franceses, no me di cuenta inmediatamente que el texto de 2002 usaba la misma palabra: ¿coincidencia sobrenatural? Sí, en el sentido de que el arte es el principal responsable de desnaturalizar, desviar lo estratificado y destejer el hábito anestesiante –sobredesnaturalización: ir "más allá de la pureza visual". En aquel momento, esta 15ª frase –verso, refrán– me pareció indicar exactamente cuál sería la práctica del visitante habitual de la Bienal de San Pablo, que convierte el evento en un importante programa familiar de fin de semana. Siempre se quiere tocar directamente al gran contingente de personas que acuden al *show* de arte contemporáneo, produciéndose la metamorfosis del 'público' (indiferenciado en la masa, elemento numérico, estadístico) en 'espectador' (sujeto de una experiencia estética singular) –se sabe, sin embargo, algunos son tocados y otros quedan indiferentes: los ritmos varían según los cuerpos-mentes y su disposición/disponibilidad; si toda política es percusiva, esto se da en el sentido de una política de tambores, de búsqueda de implicación rítmica y de tener cambios de tempo y compás como señal para abrir grietas y flancos; pero este es obra del sujeto, que precisa querer; corresponde al artista viabilizar referencias y metodologías de procesos transformadores; pero ¿cómo forzar ciertas resistencias, producir disponibilidades, intereses? ¿Cuál es la medida de tal intervención? Una respuesta imposible de determinar de antemano: las negociaciones deben rehacerse en cada momento, comenzando de nuevo, sin ninguna garantía. Me alineo con los que ya caminan a gran velocidad; a los desinteresados prefiero que cuiden sus intereses. ¿O no?

Retornar al desplazamiento, al movimiento, para que las cosas no se terminen por quedarse quietas, estacionadas: ofrezco algunos estribillos, para la repetición:

[leer cada estribillo en un lugar diferente, junto al público]

"línea orgánica como matriz conceptual"
"vírus de grupo, transversalidad, agente de variación"
"nuevas bases para la personalidad"

"¿te gustaría...?"
"podrás hacer lo que quieras con..."
"membranosa-entre"
"experiencia artística como experiencia an-artística"
"¡oh! ... ¡ah! ..."
"superpronombre: yovos, vosyo"
"canciones de amor, ejercicios de memoria, forma específica"
"person-specific vs. site-specific"
"ensayo-ficción, trauma, dinámica de grupo"

Cada línea que acabo de enunciar podría ser el estribillo de una canción, aún por componer; pero, al extraer estos estribillos de situaciones concretas de trabajo, confirmé (sí, ya lo sabía desde hace mucho tiempo) la condición musical de la práctica que vengo realizando: es en el ir y venir entre visibilidad y sonoridad que tallo la plasticidad que he podido producir. Como se indicó al principio, entre la voz y la piel se establece una *vibrosidad*[123] donde las oscilaciones del yo son cortes de un colectivo –y esto es la política, un modo de agrupamiento en relación al cual la obra de arte es la matriz de su arquitectura e ingeniería. Hay un oído corporal, pero también un oído grupal– escucha individual y escucha colectiva. Este ejercicio quiere investigar membranas, buscar inscripciones para palabras que tengan la calidez del contacto. El calor del contacto. El calor del contacto. El calor del contacto. El calor del contacto. *[en fade out]*

Gracias.

123 "Vibrosidad" [*vibrosidade* en su forma original en portugués] es un neologismo introducido por el autor, a partir de la exposición individual "vibrosidades&vibrolução", en la galería A Gentil Carioca, Río de Janeiro, 2011. [N. de T.]

 # Fuente de los textos

"Tornando Visível a Arte Contemporânea" (junto con Eduardo Coimbra).

Publicado en *Ato-All - Exposição de arte Contemporâneo*, catálogo de exposición, Goiânia, UFGO, Instituto de Artes, 1995.

Reeditado por Ricardo Basbaum (Org.), *Arte Contemporânea Brasileira - texturas, dicções, ficções, estratégias*, Río de Janeiro, Contra Capa, 2001. (2ª Edición, San Pablo, Circuito/Hedra, 2022).

"Cérebro Cremoso ao Cair da Tarde"".

Publicado en *O Carioca*, Río de Janeiro, nº 5, diciembre 1998.

"A crítica de arte como campo privilegiado para a ficção contemporânea".

Presentado en el Foro Internacional de Revistas de Arte Contemporáneo, Museo Rufino Tamayo, Cidade do México, México, 1999.

Publicado en *Tatuí*, Recife, nº 12, p.70 - 75, 2011.

"Agora" (junto con Eduardo Coimbra y Raul Mourão).

Publicado en la columna Agora, www.super11.net, 2000.

"Pós-galerias".

Publicado en la columna Agora, www.super11.net, 2000.

"Debater ou debater-se?".

Publicado en la columna Agora, www.super11.net, 2000.

"Gestos locais, efeitos globais".

Publicado originalmente en inglés. "Local gestures, global effects", *Magnet #1 - non-place*, Londres, inIVA, 2001.

Publicado en Anna Barros y Lucia Santaella (Orgs.), *Mídias e Artes: os desafios da arte no inicio do século XXI*, San Pablo, Unimarco Editorial, 2002.

Reeditado por Roberto Conduru y Vera Beatriz Siqueira (Orgs.), *Políticas Públicas de Cultura do Estado do Rio de Janeiro*, Río de Janeiro, UERJ, Rede Sirius, FAPERJ, 2003.

Reeditado en *Virose*, webzine, Porto, Portugal, nº 5, 2003.

"O papel do artista como agenciador de eventos e fomentador de produções frente à dinâmica do circuito de arte".

Publicado en Marcos Hill y Marco Paulo Rolla (Orgs.), *O Visível e o Invisível na Arte Actual*, CEIA, Belo Horizonte, 2002.

"O artista como curador".

Publicado en *Panorama da Arte Brasileira*, San Pablo, Museo de Arte Moderno, 2001. Reeditado por Glória Ferreira (Org.) *Crítica de arte no Brasil: temáticas contemporâneas*, Río de Janeiro, Funarte, 2006, v. , p. 235-240.

"Mistura + Confronto".

Publicado en Ricardo Basbaum, *Mistura + Confronto*, catálogo de la exposición, Porto, Portugal, 2001.

"E Agora?".

Presentado en el foro internacional "A Arte, o Urbano e Reconstrução Social", Centro Cultural Banco do Brasil, San Pablo, 2002.

Publicado en *Arte & Ensaios*, Revista del Programa de Post graduación en Artes Visuales EBA-UFRJ, Río de Janeiro, año IX, número 9, 2002. Postfacio inédito.

"Viva Vaia Zumbi".

Presentado en el coloquio *Resistência*, Cine Odeon, Río de Janeiro, 2002.

"Circuito de arte em deslocamento".

Presentado en el 14º Videobrasil, San Pablo, 2003. Publicado en línea en www.videobrasil.org.br

"Amo os artistas-etc".

Publicado originalmente en inglés. "I love etc-artists", Jens Hoffmann (Org.), *The next Documenta should be curated by an artist*, Frankfurt, Revolver Books, 2004.

Publicado por Rodrigo Moura (Org.), *Políticas Institucionais, Práticas Curatoriais*, Belo Horizonte, Museo de Arte de la Pampulha, 2005.

"regiões de sombra dos 80 (& diamantes)".

Presentado en el evento "Coletivos na sombra e no sol", PUC/Uerj, 2004.

Publicado en Orlando Maneschy y Ana Paula Felicissimo de Camargo Lima (Orgs.), *Já! Emergências Contemporâneas*, Belém, EDUFPA/ Mirante -Territorio Móvel, 2008.

"Perspectivas para o museu no século XXI"

Publicado en línea en www.forumpermanente.org, 2005.

Reeditado por Martin Grossmann y Gilberto Mariotti (Orgs.) *Museu Arte Hoje*, San Pablo, Hedra, 2011.

"O artista como pesquisador".

Publicado en *Concinnitas*, Revista do Instituto de Artes UERJ, Ano 7, Vol. 1, n°. 9, julho 2006, UERJ, Río de Janeiro.

Reeditado por Mônica Tavares (Org.), *Justapostos*, San Pablo: ECA/USP, 2010.

"pogovarjanja / conversations / conversas" (con Bojana Piškur).

Skuč Gallery, folder de la exposición, Ljubljana, Eslovenia, 2006.

Publicado por Ricardo Basbaum, *re-projecting (utrecht)*, libreto de exposición, Casco - Office for Art, Design and Theory, Utrecht, Holanda, 2008.

"4br".

Publicado originalmente en inglés. "4br", Iris Dressler e Hans D. Christ (Orgs.), *On Difference #3 - Politics of Space*, Kunstverein Stuttgart, 2007.

"Deslocamentos rítmicos: o artista como agenciador, como curador e como crítico".

Publicado por Lisette Lagnado, Adriano Pedrosa y Jochen Volz (Orgs.), *27ª Bienal de São Paulo: Seminários*, Rio de Janeiro, Cobogó, 2008.

"Sur, sur, sur, sur... como diagrama: mapa + marca".

Publicado originalmente en inglês y espanhol. "Un mapa sin geografía", "A map without geography", Cuauhtémoc Medina (Org.), *Sur sur sur sur / South south south south*, SITAC VII, Ciudad de México, Patronato de Arte Contemporáneo, 2010.

Publicado en *investigação* n° 11. v.1, Porto Alegre, 2010.

Publicado en francês. "Sur, sur, sur, sur... comme diagramme: carte + marque", *Multitudes*, Paris, v. 43, 2010.

"deslocamento-entre-autonomias-som".

Presentado en evento en la 29ª Bienal do São Paulo, 2010.